Hans-Peter Braun

Ich werfe meine Fragen hinüber

Lieder vom christlichen Glauben als Poesie für das Leben

Impulse zum Nachdenken und Anregungen für die Praxis

©2023

AF190586

Ich werfe meine Fragen hinüber

Lieder vom christlichen Glauben als Poesie für das Leben

I Am Anfang war die Frage
II Alte und neue Lieder im Dialog

Impulse zum Nachdenken - Anregungen für die Praxis

von Hans-Peter Braun (2023)

mit Geleitwort von Landesbischof em. Dr. hc. Frank Otfried July

(Umschlagbild: Abend am Strand von St. Peter Ording 2023)

Bibliographische Information der deutschen Nationalbibliothek:
Die deutsche Nationalbibliothek verzeichnet diese Publikation in der
Deutschen Nationalbibliographie; detaillierte bibliographische
Daten sind im Internet über dnb.dnb.de abrufbar.

Herstellung und Verlag:
BoD - Books on Demand, Norderstedt

ISBN: 9783757829575

wer

wer hat den Urknall gehört
und das erste Auge gesehen

wer hat die Sterne in den himmel geschleudert
und die Sonne vorgeglüht

wer hat das leben farbenfroh gemalt
und des todes dunkel beigemischt

wer hat den vögeln das singen gelehrt
und den Menschen die freude daran

wer gibt uns ein zuhause
und lässt uns doch an heimweh sterben

wer nur
wer
(Andreas Knapp / Aus: Beim Anblick eines Grashalms - Naturgedichte, 2. Auflage 2019,
S.77 © Echter Verlag)

Ich werfe meine Fragen hinüber
wie ein Tau von einem Schiff ans Land.
Vielleicht ist einer da und greift herüber.
Vielleicht, vielleicht nimmt einer mich an meiner Hand.
Wenn Gott es ist, der meine Fragen auffängt und nicht lässt,
wenn Gott es ist, dann hält er mich mit meinen Fragen fest.
(Text: Ulrich Fick 1976 © Medienhaus der Ev. Kirche in Hessen und Nassau)

Wenn sich die Stille nun tief um uns breitet,
so lass uns hören jenen vollen Klang
der Welt, die unsichtbar sich um uns weitet,
all deiner Kinder hohen Lobgesang.
(Dietrich Bonhoeffer 1945)

Vorwort
Liebe Leserin, lieber Leser,

wie steht es um das Singen von Liedern in der Kirche? Seit der
Reformation gibt es gedruckte Gesangbücher. Das Gemeindegesangbuch ist eine geniale Erfindung der Reformation, ermöglicht durch
die Medienrevolution des Buch- und Notendrucks im 16. Jahrhundert. Das Gesangbuch war zugleich Lehrbuch an den Schulen. So
lernten Kinder das Singen. So fand die christliche Botschaft den
Weg in das Herz der Menschen und so konnte über Generationen
hinweg ein Repertoire der "Lieder vom Glauben" entstehen. Im
ersten gesamtdeutschen Gesangbuch, dem "Deutschen
Evangelischen Gesangbuch von 1915 (DEG), wurde dieses
Repertoire in einem Stammteil erstmalig zusammengefasst. Daneben
gibt es landeskirchliche Regionalteile, die lokale Traditionen
berücksichtigen.
Heute hat sich die kirchliche und gesellschaftliche Wirklichkeit
rasant verändert. Das jahrhundertalte, bewährte Repertoire
verblasst. An seine Stelle tritt eine immer unübersehbarere Fülle an
neuen Liedern. Das ist einerseits ein Zeichen blühender Kreativität,
aber andererseits auch mit der wichtigen Aufgabe verbunden, ein
gewisses Repertoire für ein neues Gesangbuch herauszufiltern, um
auch in Zukunft ein gemeinsames Singen im Gottesdienst möglich
zu machen. Wie wichtig ist heutigen Menschen der Gottesdienst?
Die Menschen entscheiden heute nicht mehr nach Sitte und
Gewohnheit, sondern nach ihren Bedürfnissen. Wo hilft mir das
Gottesdienstangebot der Kirchen bei meinen Lebensfragen, bei
meiner Sehnsucht nach Lebensfreude, nach Gemeinschaft und
Austausch mit anderen, nach Sinnerfahrung? Wo und wie finden
die großen Gefühle an den wichtigen Lebensstationen Geburt,
Hochzeit und Tod in Ritualen wie Tauffeiern, Trauungen,
Segnungen oder kirchlichen Bestattungen ihren zeitgemäßen
Ausdruck? Bei all diesen Anlässen werden geistliche Lieder
gesungen. Manche sind noch in Erinnerung. Bisweilen stolpert man
vielleicht über eine Formulierung. Manchmal kann man nicht
mitsingen, weil das Lied unbekannt ist. Selten bleibt Zeit, länger
darüber nachzudenken, was singe ich da überhaupt?
Dieses Buch wählt einen anderen Weg.

Im ersten Teil stelle ich die existenziellen Einsichten und Erkenntnisse vor, die ich in meinem Beruf als Kirchenmusiker durch die Beschäftigung mit Melodien und Texten alter und neuer Lieder gewonnen habe.

Ich gehe auf drei Fragen zur Situation des geistlichen Liedes in der heutigen Gesellschaft ein:

1. Sind Lieder vom christlichen Glauben existenzrelevant?
2. Ist ihre Sprache noch in der Breite kommunizierbar?
3. Welche Rolle spielt für mich der Begriff "Tradition"?

Im zweiten Teil - Alte und neue Lieder im Dialog- habe ich eine kleine Auswahl alter und neuer Lieder einander gegenübergestellt. Ich möchte dazu einladen, alte und neue Lieder einmal wie Lyrik zu lesen, zu meditieren und zu singen, als Poesie für das Leben, als Reime auf das Ungereimte. Das Buch wendet sich sowohl an alle, die mit den Liedern in ihrer Praxis umgehen und gemeinsam mit den für die Musik Verantwortlichen neue Anregungen und Impulse für die Gestaltung von Gottesdiensten suchen, als auch an alle, die Fragen an den christlichen Glauben haben.

Die Liederpaare sind thematisch nach Stichworten geordnet, die existenzielle Fragen widerspiegeln.

Das Buch will zum Nachdenken anregen und ermutigen Gottesdienste zu feiern, die die Beteiligung und Aktivierung der vielfältigen, musikalischen Gruppierungen einer Gemeinde ermöglichen.

Am Ende könnte die Erfahrung stehen, dass es ein alle Milieus übergreifendes "Trotzdem" des Glaubens gibt, das uns mit Christinnen und Christen aller Generationen und Weltgegenden verbindet und das uns bei aller Verschiedenheit in der Frömmigkeitspraxis stärken und zum Leben verhelfen kann, ein "Trotzdem" das im gemeinsamen Singen eine außergewöhnliche Kraft und Energie entfaltet.

Hans-Peter Braun (Tübingen im August 2023)

P. S. An dieser Stelle möchte ich noch meinem langjährigen Freund Pfarrer Gottfried Mohr für viele, wertvolle Anregungen während der Abfassung des Buches danken.

Geleitwort

von Landesbischof em. Dr. hc. Frank Otfried July

Der Autor Hans-Peter Braun hat ein wahrhaft "eigen-tümliches" Buch geschrieben. Es hat mich bei der Lektüre sofort gepackt und ich habe es fast in einem einzigen Lesedurchgang gelesen. Es handelt von Fragen des Lebens, des Glaubens, des Suchens, des Hoffens, des Zweifelns, ist aber kein "Lehrbuch", kein Katechismus, der im Frage -Antwort Schema alle diese Fragen aufnimmt und beantwortet. Den Lesenden bietet es einen bemerkenswerten Einblick in verschiedene Texte und Gedanken von Dichtern, Philosophen, Theologen, Liedermachern und Schriftstellern. Ich habe es als **Reisetagebuch** durch die Liederwelt des christlichen Glaubens und Fragens gelesen.

Dabei habe ich mich gern dem sachkundigen Reiseführer Hans-Peter Braun anvertraut, der mit Herzensleidenschaft, Glaubens- und musikwissenschaftlichem Wissen - selbst ein Wanderer durch die Zeit dieser Welt - seine sehr eigenen Reisenotizen anfertigt und darin in sensibler Weise die Lieder mit ihren Texten und melodischen, harmonischen Formungen als „Poesie für das Leben" aufscheinen lässt. Es sind Reisebeobachtungen, die Klüfte und Abgründe, Ecken und Spalten genauso zeigen, wie wundervolle Höhenwege mit schöner Aussicht.

Ja, auch der Autor „wirft seine Fragen hinüber". Hans-Peter Braun bringt bei diesem Reisetagebuch durch die Welt alter und neuer Lieder in der Begegnung von Tradition und Neuversuchen literarische, philosophische und dichterische Stimmen ins Gespräch ein. Auf diese Weise eröffnet er ganz überraschende Perspektiven. So kommen z.B. Wolf Biermann und Martin Luther, Rainer Maria Rilke und Ludwig Wittgenstein zu Wort, ebenso wie Franz Schubert mit seinem Klavierliederzyklus "Winterreise" und viele andere! Wahrhaftig: Reime aufs Ungereimte!

Das Buch hat mich „in Beschlag" genommen und angerührt. Ich habe Vieles neu gelernt („Luther als Bänkelsänger"). Dem Autor gelingt es in diesem Buch, mit Fragen und Bemerkungen, mit Liedern und theologischen Notizen eine eindrückliche Skizze des Glaubenslebens, des Glaubensfragens, des Suchens und Findens zu zeichnen - und das in unserer Zeit, die von Pluralität und auch Übersichtslosigkeit geprägt ist. Wenn wir dieses Reisetagebuch mit eigenem Singen und Musizieren zum Klingen bringen, wäre der Autor wahrscheinlich besonders glücklich.

Und wir sicher auch.

Abkürzungen:

EG	Evangelisches Gesangbuch 1996
EG Wü	Evangelisches Gesangbuch, Regionalteil Württemberg
W+	Wo wir dich loben, wachsen- neue Lieder plus/
	Strube Verlag, München, 2. Auflage 2019
EG.E.	Lieder und Psalmen für den Gottesdienst –
	Ergänzungsheft zum EG / Kirchenamt der EKD 2018,
GL	Gotteslob – Katholisches Gesangbuch 2013 Schwabenverlag
DHUT	Durch Hohes und Tiefes –
	Gesangbuch der Ev. Studierendengemeinden in Deutschland
	Strube Verlag 2008
FJ V	Feiert Jesus! Band V/ 2017 Verlag SCM Hänssler

Ich werfe meine Fragen hinüber

Lieder vom christlichen Glauben als Poesie für das Leben

I Am Anfang war die Frage

Mein Vater war Pfarrer. Ich sollte auch Pfarrer werden. Alles war gut eingefädelt. Ich wurde auf ein humanistisches Gymnasium geschickt und lernte die alten Sprachen Latein, Griechisch, Hebräisch. Doch der Plan ging schief. Mein Vater hatte nicht die „Risiken und Nebenwirkungen" humanistischer Bildung bedacht. Denn durch meinen Mathematik- und Philosophielehrer - einen erklärten Agnostiker - hatte ich das systematische Hinterfragen angeblicher Wahrheiten gelernt. Ich begriff:
Beim Glauben versagt die Vererbungslehre. Er lässt sich nicht einfach übernehmen. Ich spürte: Da liegt noch ein Weg vor mir.
Nach dem Abitur 1968 konnte ich mir mit meiner Berufs-entscheidung noch Zeit lassen. Ich begleitete meinen Vater zunächst auf einer halbjährigen Reise durch Brasilien und Argentinien. Er besuchte dort im Auftrag des kirchlichen Außenamtes der EKD deutsche Auslandsgemeinden. Nach der Rückkehr verweigerte ich den Wehrdienst und wurde nach einer zweieinhalbstündigen Anhörung durch eine Kommission aus vier Zivilisten und einem Major offiziell als Kriegsdienstverweigerer anerkannt. Meinen anderthalbjährigen „Wehrersatzdienst" (so hieß der Zivildienst damals) trat ich als Pflegehelfer in einem kleinen Krankenhaus auf dem Land an.

Südamerika war für mich ein Kulturschock. Denn die Weltreise öffnete meinen Blick für die Vielfalt menschlicher Lebenswelten auf diesem Globus. Ich sah die Schönheit des Landes, erlebte die mitreißende Lebensfreude und die Lebenslust seiner Menschen. Aber ich war auch erschüttert von dem sozialen Elend, der Schere zwischen Arm und Reich.

Die Zeit als Pfleger im Krankenhaus ermöglichte mir einen Blick in die Hinterzimmer unserer Gesellschaft. Ich begriff: Selbst Wohlstand schützt nicht vor Krankheit. Sie macht keinen Unterschied zwischen Arm und Reich. Krank werden, kann jeder Mensch in jedem Moment. Bis dahin war mir Gesundheit selbstverständlich und die Krankheit weit weg, eher etwas für alte Leute. Jetzt erlebte ich erstmals das Ringen mit dem Krebs. Ich stand bei jungen Menschen, die nach einem Unfall nicht mehr gerettet werden konnten, ich half in der Pflege dementer Patienten. Als Personalmangel herrschte, wurde ich im Operationssaal als Helfer eingelernt und Zeuge schwieriger Operationen. Noch nie zuvor, hatte ich einen Menschen sterben sehen. Einmal bekam ich den Auftrag, neben dem Bett eines krebskranken Patienten zu wachen. Seine Frau war über Mittag kurz nach Hause gegangen, um nach den Kindern zu sehen. Ich sollte währenddessen bei ihm bleiben. Seine letzte Bitte war, ich solle doch die Vorhänge vorziehen, es werde so hell. Eine Minute später war er tot, der Mensch, mit dem ich eben noch gesprochen hatte, bei dessen Pflege ich wochenlang geholfen hatte. Wo war er jetzt? Was hatte mein Lehrer, der Agnostiker gesagt:

Die Frage „Was kommt nach dem Tod?" ist unbeantwortbar, weil wir das nicht erkennen können. Wenn das aber so ist, dann ist doch die Frage „Was kommt vor dem Tod?" viel wichtiger, als die Frage „Was kommt nach dem Tod?", dachte ich mir.

Ein Beweis war mir der erste Satz der Weihnachtsgeschichte: *„Es begab sich aber zu der Zeit, dass ein Gebot von dem Kaiser Augustus ausging, dass alle Welt geschätzet würde." (Lukas 2,1).* Denn die „Großtaten" des römischen Kaisers Augustus gingen zwar in die Geschichte ein. Aber wen - außer den Historikern - interessiert das heute noch? Sein Name ist zu einer Zeitangabe in der Weihnachtsgeschichte geschrumpft: „Es begab sich aber zu der Zeit des Kaisers Augustus". Vom Christuskind in der Krippe dagegen reden Menschen immer noch. Aus welchem Grund?

Ich begann, die Bibel und die Lieder, mit denen ich aufgewachsen war, auf Antworten abzuklopfen. Vieles stürzte auf mich ein. Immer drängender wurde die Frage: Was soll ich werden? Pfarrer?

Ich fühlte mich überfordert. Meine Fragen waren nicht weniger, eher mehr geworden. Mein Glaube schien mir zu schwach und meine Fragen zu stark.

In meiner Freizeit übte ich Klavier und Orgel. Ich wollte die Lieder nicht verlieren, die emotional tief in meiner Kinderseele versenkt waren, die Lieder, die wir zuhause und in der Kirche gesungen hatten. Weihnachten wurde es für mich als Kind erst, wenn ich an Heiligabend das Lied „Fröhlich soll mein Herze springen" (EG 36) in der festlich geschmückten Tübinger Stiftskirche mitgesungen hatte. Die Liedzeilen *„Hört, hört, wie mit vollen Chören alle Luft, laute ruft: Christus ist geboren"* hatten es mir besonders angetan. Als ich sie einmal mit meinem Kindersopran besonders inbrünstig hinausgeschmettert hatte, drehte sich eine Frau in der Kirchenbank vor uns um und sagte zu meinem Vater: „Ihr Bub hat aber eine schöne Stimme". Wenn mein Vater zuhause am Klavier Bachchoräle spielte, saß ich als Kind daneben und hörte fasziniert zu, weil die Lieder, die ich kannte, in den Sätzen Bachs plötzlich ganz anders klangen als die normale Gemeindebegleitung der Orgel in der Kirche. Das wollte ich auch können. Bei meinem Klavierlehrer lernte ich das Harmonisieren und ich experimentierte oft stundenlang auf den Tasten, bis schließlich meine Mutter hereinkam und aus Rücksicht auf die Mitbewohner des Hauses sagte: „Jetzt hör´ auch mal auf!" Sollte ich dieses leidenschaftliche Interesse aufgeben wegen meiner Zweifel und kritischen Fragen?

Ich stellte die Fragen hintan, die Begeisterung für die Musik an die erste Stelle und beschloss, Kirchenmusiker zu werden. Ich wollte die „Fragen lieben" in der Hoffnung, eines Tages bei der Ausübung des Berufs in die Antworten hineinzuwachsen.

Rilke schreibt an einen jungen Dichter:

„Sie sind so jung, so vor allem Anfang, und ich möchte Sie, so gut ich es kann, bitten, lieber Herr, Geduld zu haben gegen alles Ungelöste in Ihrem Herzen und zu versuchen, die Fragen selbst liebzuhaben wie verschlossene Stuben und wie Bücher, die in einer sehr fremden Sprache geschrieben sind. Forschen Sie jetzt nicht nach den Antworten, die Ihnen nicht gegeben werden können, weil Sie sie nicht leben könnten. Und es handelt sich darum, alles zu leben. Leben Sie jetzt die Fragen. Vielleicht leben Sie dann allmählich, ohne es zu merken, eines fernen Tages in die Antwort hinein."
(Rainer Maria Rilke, Briefe an einen jungen Dichter 1903)

Das Lied *"Ich werfe meine Fragen hinüber"* (EGWü 627) beschreibt diesen Weg eindrücklich von der ersten Strophe bis zur Gewissheit in der letzten Strophe: *"Denn du bist da und greifst zu mir herüber"*:

1. Ich werfe meine Fragen hinüber
wie ein Tau von einem Schiff ans Land.
Vielleicht ist einer da und greift herüber.
Vielleicht, vielleicht nimmt einer mich an meiner Hand.
Wenn Gott es ist, der meine Fragen auffängt und nicht lässt,
wenn Gott es ist, dann hält er mich mit meinen Fragen fest.

In der letzten Strophe wird aus dem *"Vielleicht"* ein *"Du bist da"*:

4. Ich werfe meinen Dank zu dir hinüber
wie ein Tau von einem Schiff ans Land.
Denn du bist da und greifst zu mir herüber.
Denn du bist da, bist da und nimmst mich an der Hand.
Weil Gott es ist, der all mein Danken auffängt und nicht lässt,
weil Gott es ist, hält er auch mich mit meinem Danken fest.
(Text: Ulrich Fick 1976)

Zwischen *dem Vielleicht ist einer da* und dem *Denn du bist da* liegt oft eine lange Lebensstrecke.

Lieder wurden für mich das „Tau, das ich ans Land warf". Ich vertraute zunächst darauf, dass das reichen würde, um den Beruf des Kirchenmusikers zu wählen und ich wurde nicht enttäuscht. Dieses Vertrauen ist für mich etwas Anderes, als das Graffito, das ich einmal auf einer Hauswand gelesen habe:

„Jesus ist die Antwort!" Darunter hatte jemand den Satz gesprayt : „Und wie war noch die Frage?" Diese Ironie sprach mir aus dem Herzen. Wer selbstgewiss verkündet, „Jesus ist die Antwort", den interessieren die Fragen, die ich habe, anscheinend überhaupt nicht. Der kennt das „vielleicht" nicht: *„Vielleicht ist einer da und greift herüber".* Er hört nicht zu, er hat die Antwort schon im Gepäck. „Jesus ist die Antwort" - das wirkt vorlaut. Ich wandelte den Satz für mich ab in:

„Jesus ist die Frage". Die Frage an uns: Wie lebst du? Was ist dir wichtig? Was ist dein „Gott"?

Der christliche Glaube ist in unserer pluralistischen und multikulturellen Gesellschaft zu e i n e r Stimme neben vielen, anderen geworden. Vielen Menschen genügt es nicht, wenn die Kirche ihre Wahrheit nur behauptet. Wahrheit soll sich im Leben bewahrheiten. Und dazu braucht es Zuhören, Nachdenken und viele Gespräche auf Augenhöhe.

Drei Fragen stehen im Raum:

1. Sind Lieder vom christlichen Glauben existenzrelevant ?
2. Ist ihre Sprache noch in der Breite kommunizierbar?
3. Welche Rolle spielt für mich der Begriff "Tradition"?

1. Sind Lieder vom christlichen Glauben existenzrelevant?
Die radikale Infragestellung des christlichen Glaubens und der Religion überhaupt begann mit der Aufklärung ab der zweiten Hälfte des 18. Jahrhunderts. Die französische Revolution stellte statt des Kreuzes die Göttin der Vernunft auf die Altäre der Pariser Kirchen.
Der Glaube an einen Gott erschien dem gebildeten Menschen hoffnungslos rückständig. Die Aufklärung berief sich auf den Philosophen Immanuel Kant (1724-1804). Kant ging es nicht um eine

Diffamierung des Glaubens, sondern um die Befreiung des menschlichen Verstandes vom Diktat fremder Autoritäten. Er schrieb 1784 die berühmt gewordenen Sätze:

„Aufklärung ist der Ausgang des Menschen aus seiner selbst verschuldeten Unmündigkeit. Unmündigkeit ist das Unvermögen, sich seines Verstandes ohne Leitung eines anderen zu bedienen. Selbstverschuldet ist diese Unmündigkeit, wenn die Ursache derselben nicht am Mangel des Verstandes, sondern der Entschließung und des Mutes liegt, sich seiner ohne Leitung eines anderen zu bedienen". [1]
(Immanuel Kant, *Beantwortung der Frage: Was ist Aufklärung?"* Beitrag Kants in der Berlinischen Monatsschrift 1784, 2 S. 481-494)

Die Menschheit sollte nach Kant das Stadium der Kindheit verlassen und erwachsen werden. In der Folge zeichnete die Aufklärung ein Bild von der Kirche als einem Hort der Bevormundung und Rückständigkeit. Das entsprach ihrem Interesse, Geschichte als andauerndem Fortschritt des Wissens und der Erkenntnis darzustellen. Es galt, das „finstere Mittelalter" hinter sich zu lassen. Aber stimmt die Hypothese vom finsteren Mittelalter überhaupt? Die heutige Geschichtsforschung sieht das differenzierter. Nach dem Untergang des römischen Reiches im 5. Jahrhundert waren **die Klöster der Hort der Wissenschaften**. Hier wurde das wertvolle Wissen der Antike in Büchern weitertradiert und aufbewahrt. Nur Mönche und Gelehrte, die des Lateinischen oder Griechischen kundig waren, konnten sie lesen. Hier wurde geforscht und experimentiert, hier wurden Erkenntnisse gesammelt und ausgewertet. Schon lange vor der Aufklärung bedienten sich Mönche und Gelehrte des eigenen Verstandes. In Klosterbibliotheken konnte man z. B. nachlesen, dass der geniale griechische Mathematiker Eratosthenes schon im dritten Jahrhundert vor Christus bewiesen hatte, dass die Erde keine flache Scheibe, sondern eine Kugel ist. Er errechnete ihren Umfang sogar bis auf wenige Kilometer genau. Auf der Grundlage antiken Wissens entwickelten Mönche die Kräutermedizin weiter und erforschten die Botanik. In der Philosophie knüpften sie an die Philosophen des Altertums an, in der Astronomie erkundeten sie den Sternenhimmel und den Lauf der Gestirne. In der Anatomie und in der Vererbungslehre gewannen sie entscheidende Erkenntnisse über den Menschen. In der Musik erfanden sie die Notenschrift. Das geschah alles unter dem Dach der Kirche. Dass manche Forschungsergebnisse, wenn sie nicht der Lehrmeinung der Kirche entsprachen und die Macht der Kirche zu gefährden drohten, unterdrückt und oft wider alle Vernunft zu Ketzereien erklärt wurden, steht auf einem anderen Blatt.

Es besteht also durchaus Anlass, auch die Arroganz der Aufklärung kritisch zu betrachten. Ihre Forderung, „sich des eigenen Verstandes zu bedienen", führte am Anfang des 19. Jahrhunderts in den evangelischen Gesangbüchern hie und da zu kuriosen Auswüchsen. Überlieferte Liedtexte, die wissenschaftlicher Erkenntnis widersprachen, wurden redaktionell überarbeitet. 1780 erschien in Berlin das neue „Gesangbuch zum gottesdienstlichen Gebrauch in den Preußischen Landen". Weil der Wortlaut vieler vertrauter Lieder im Sinne der Aufklärung „verbessert" worden war, kam es zu Protesten in den Gemeinden. Der preußische König Friedrich II. wollte keinen Aufruhr und reagierte im Januar 1781 mit einem Erlass, den er mit einem eigenhändigen Zusatz versah:

„Was die Gesangbücher angeht, so steht einem jeden frei,
zu singen „Nun ruhen alle Wälder" oder dergleichen törichtes und
dummes Zeug..."
(Karl Müchler: *Friedrich der Große. Zur richtigen Würdigung seines Herzens und Geistes.* Nauck, Berlin 1837, S. 595)

Schauen wir genauer hin. Warum war das berühmte Abendlied „Nun ruhen alle Wälder" von Paul Gerhardt aus dem Jahr 1647 für den preußischen König „dummes Zeug"?
Die Bedenken begannen schon mit der 1. Strophe:

Nun ruhen alle Wälder,
Vieh, Menschen, Städt und Felder,
es schläft die ganze Welt;
ihr aber, meine Sinnen,
auf, auf, ihr sollt beginnen,
was eurem Schöpfer wohlgefällt.
(EG 477 *Text: Paul Gerhardt 1647*)

Die Aufklärer machten sich über die poetischen Bilder in dieser Strophe lustig: „Nun **ruhen** alle Wälder" und „Es schläft die **ganze** Welt". Sie fragten sich: Wie können „Wälder ruhen, wenn sie doch nie wachen"? Wie kann die „ganze Welt schlafen", wenn wir als aufgeklärte Menschen doch wissen, dass anderswo auf der Welt gleichzeitig Tag ist?
1808 erscheint im *Straßburger Gesangbuch* die erste Strophe deshalb in einer geänderten Version.

Aus:
„Nun ruhen alle Wälder,
Vieh, Menschen, Städt' und Felder,
es schläft die ganze Welt"

wurde:

„Nun ruhet in den Wäldern,
in Städten und in Feldern
ein Teil der müden Welt".
(Näheres s. Liederkunde zum EG, Vandenhoeck&Ruprecht, Heft 28, S.72)

In ihrem Eifer hatten die Aufklärer den grundsätzlichen Unterschied
zwischen poetischer und naturwissenschaftlicher
Weltwahrnehmung außer Acht gelassen. Dichtung muss sich nicht
im Einklang befinden mit dem naturwissenschaftlichen Weltbild. Sie
lebt von anschaulichen Metaphern. Da können durchaus „Wälder
ruhn" und die „ganze Welt schlafen".

Der Theologe Friedrich Schleiermacher (1768-1834) setzte sich am
Ende des 18. Jahrhunderts mit den Vertretern der Aufklärung
auseinander. Ihm war aufgefallen, dass trotz aller Vernunftgläubig-
keit die Sehnsucht nach Religion ungebrochen war. Er wollte über
das Phänomen „Religion" in einer Weise sprechen, die auch von
seinen aufgeklärten Zeitgenossen verstanden würde. In seiner 1799
erschienenen Kampfschrift *„Über die Religion - Reden an die*
Gebildeten unter ihren Verächtern" entwickelte Schleiermacher einen
neuen Begriff von Religion a u ß e r h a l b der Institution Kirche.
Für Schleiermacher lässt sich Religion nicht einfach abschaffen,
denn sie sei *„eine eigene Provinz im Gemüt".* Der Mensch sei religiös
veranlagt. Religion sei *„Gefühl und Anschauung",* sei *„Sinn und*
Geschmack für das Unendliche", sei *„das Gefühl der schlechthinnigen*
Abhängigkeit" des Menschen.
(Friedrich D. E. Schleiermacher, *Über die Religion. Reden an die Gebildeten unter ihren*
Verächtern (1799) Schriften aus der Berliner Zeit 1769-1799)

Der Philosoph Rüdiger Safranski deutet in seinem Buch "Romantik –
Eine deutsche Affäre" d*as Gefühl der schlechthinnigen Abhängigkeit"*
bei Schleiermacher als *"Erfahrung des Ewigen im Endlichen".* Es sei
"ein Gefühl des liebenden Verschmelzens".

Die im Menschen angelegte Sehnsucht, die Wirklichkeit zu
überschreiten, sie zu transzendieren, der im Menschen angelegte
„Sinn und Geschmack für das Unendliche", schließlich auch die

Erkenntnis der Unendlichkeit des Universums führen, so Schleiermacher, jeden Menschen an den Punkt, wo er fragt: Gibt es eine Wirklichkeit hinter der sichtbaren Wirklichkeit oder ist sie nur Einbildung? Gibt es einen Gott, der das alles geschaffen hat oder ist er eine „Projektion" des Menschen, „Opium für das Volk"?

Schleiermacher war 59 Jahre alt, als Franz Schubert 1827, kurz vor seinem Tod, seinen berühmten Klavierliederzyklus „Winterreise" komponierte. Als 16-Jähriger hörte ich den Zyklus zum ersten Mal und er wurde für mich zu einem umstürzenden Erlebnis. Ich übte solange, bis ich die Lieder singen und mich dabei selbst begleiten konnte. Eine Gegenwelt, die Nachtseite des musikalischen Globus, erschloss sich mir durch die Komposition Schuberts. Ein einsamer Wanderer in der Winterlandschaft sucht nach der verlorenen Liebe. Sein individuelles Schicksal wird zur Metapher für das Schicksal des Menschen in der Moderne. Der Dichter der "Winterreise", Wilhelm Müller traf mit seinen Versen den Nerv der Zeit: Der Mensch als Fremder in dieser Welt, ohne Heimat, ohne Zuhause, ohne Liebe, ohne Gott. Fremdsein ist die Grundbefindlichkeit, die den ganzen Zyklus durchzieht. Schon im ersten Lied heißt es:

Nr. 1 „Gute Nacht
„Fremd bin ich eingezogen,
Fremd zieh' ich wieder aus.
Der Mai war mir gewogen
Mit manchem Blumenstrauß.
Das Mädchen sprach von Liebe,
Die Mutter gar von Eh', -
Nun ist die Welt so trübe,
Der Weg gehüllt in Schnee."

Der Winter wird bei Schubert zu einer Seelenlandschaft der Kälte und der Einsamkeit. Nur in der Illusion, im Traum gibt es für den einsamen Wanderer Erfüllung:

Nr. 11 Frühlingstraum

Ich träumte von bunten Blumen,
So wie sie wohl blühen im Mai;
Ich träumte von grünen Wiesen,
Von lustigem Vogelgeschrei.

Und als die Hähne krähten,
Da ward mein Auge wach;
Da war es kalt und finster,
Es schrien die Raben vom Dach.

Doch an den Fensterscheiben,
Wer malte die Blätter da?
Ihr lacht wohl über den Träumer,
Der Blumen im Winter sah?

Im Lied Nr. 22 mit dem Titel „Mut" singt er trotzig „gegen Wind und Wetter" an:

Nr. 22 Mut
Fliegt der Schnee mir ins Gesicht,
Schüttl' ich ihn herunter.
Wenn mein Herz im Busen spricht,
Sing' ich hell und munter.

Höre nicht, was es mir sagt,
Habe keine Ohren;
Fühle nicht, was es mir klagt,
Klagen ist für Toren.

Lustig in die Welt hinein
Gegen Wind und Wetter !
Will kein Gott auf Erden sein,
Sind wir selber Götter !

Dieser letzte Satz beschreibt treffend das zentrale Problem des Menschen zu allen Zeiten: Wenn es keinen Gott auf Erden gibt, müssen wir selbst diese Leerstelle füllen.
Fast derselbe Satz taucht 65 Jahre später in der Geschichte vom „tollen (verrückten) Menschen" von Friedrich Nietzsche auf, der zur Belustigung der Umstehenden am hellen Tag mit einer Laterne über den Marktplatz läuft:

Der tolle Mensch sprang mitten unter sie und durchbohrte sie mit seinen Blicken. »Wohin ist Gott?« rief er, »ich will es euch sagen! Wir haben ihn getötet – ihr und ich! Wir alle sind seine Mörder! Aber wie haben wir dies gemacht? Wie vermochten wir das Meer auszutrinken? Wer gab uns den Schwamm, um den ganzen Horizont wegzuwischen? Was taten wir, als wir diese Erde von ihrer Sonne losketteten? Wohin bewegt sie sich nun? Wohin bewegen wir uns? Fort von allen Sonnen? Stürzen wir nicht fortwährend? Und rückwärts, seitwärts, vorwärts,

*nach allen Seiten? Gibt es noch ein Oben und ein Unten? Irren wir
nicht wie durch ein unendliches Nichts? Haucht uns nicht der leere
Raum an? Ist es nicht kälter geworden? Kommt nicht immerfort die
Nacht und mehr Nacht? Müssen nicht Laternen am Vormittage
angezündet werden? Hören wir noch nichts von dem Lärm der
Totengräber, welche Gott begraben? Riechen wir noch nichts von der
göttlichen Verwesung? – auch Götter verwesen! Gott ist tot! Gott bleibt
tot! Und wir haben ihn getötet! Wie trösten wir uns, die Mörder aller
Mörder? Das Heiligste und Mächtigste, was die Welt bisher besaß, es
ist unter unsern Messern verblutet – wer wischt dies Blut von uns ab?
Mit welchem Wasser könnten wir uns reinigen? Welche Sühnefeiern,
welche heiligen Spiele werden wir erfinden müssen?
Ist nicht die Größe dieser Tat zu groß für uns?* **Müssen wir nicht
selber zu Göttern werden, um nur ihrer würdig zu erscheinen?**
(Friedrich Nietzsche „Die fröhliche Wissenschaft"1882, 3. Buch, Aphorismus 125)

Bei Schubert:
"Will kein Gott auf Erden sein, sind wir selber Götter!"

Das ist die Frage: Halten wir den entleerten Himmel aus?
Im letzten Lied der „Winterreise" Schuberts steht der Wanderer am
Abgrund der Sinnlosigkeit. Er begegnet einem bettelnden
Leiermann, der mit nackten Füssen in der Kälte steht und immer
dasselbe Lied singt. Eine tiefe Traurigkeit liegt über der
gespenstischen Szene.

Nr. 24 Der Leiermann
*Drüben hinterm Dorfe
Steht ein Leiermann
Und mit starren Fingern
Dreht er was er kann.*

*Barfuß auf dem Eise
Wankt er hin und her
Und sein kleiner Teller
Bleibt ihm immer leer.*

*Keiner mag ihn hören,
Keiner sieht ihn an,
Und die Hunde knurren
Um den alten Mann.*

*Und er lässt es gehen,
Alles wie es will,
Dreht, und seine Leier
Steht ihm nimmer still.*

Wunderlicher Alter!
Soll ich mit dir gehn?
Willst zu meinen Liedern
Deine Leier drehn ?

Beim Anblick des Leiermanns stellt sich der Wanderer die Frage:
„Soll ich mit dir gehen?" Und an den Leiermann, sein inneres
Spiegelbild, gerichtet: *„Willst zu meinen Liedern deine Leier drehn?"*
Die Antwort bleibt aus.

Bei dem von Schleiermacher tief beeindruckten Dichter Georg
Philipp Friedrich von Hardenberg (<u>1772</u> -<u>1801</u>), alias Novalis, ist das
anders. In seinem Gedicht *„Unter tausend frohen Stunden"*
aus den 1802 posthum erschienenen „Geistlichen Liedern"
findet sich manch sprachliche Ähnlichkeit zur „Winterreise".
Novalis fühlt dieselbe Qual wie der Wanderer. Aber im Moment
äußerster Verzweiflung, schreibt Novalis,

„...ward mir plötzlich wie von oben
weg des Grabes Stein gehoben".

Er bleibt nicht einsam. Jemand tritt ihm zur Seite. Er findet diesen
Jemand im eigenen Inneren:

„Wen ich sah, frage keiner."

Christus wird nicht namentlich genannt, aber es ist der,
der *„für uns gestorben sey."*

Kein wortreicher Bekenntniseifer eines Bekehrten, eher Ehrfurcht
vor dem Mysterium eines individuellen Gotteserlebnisses spricht
aus seinen Versen:

1. Unter tausend frohen Stunden,
So im Leben ich gefunden,
Blieb nur eine mir getreu;
Eine, wo in tausend Schmerzen
Ich erfuhr in meinem Herzen,
Wer für uns gestorben sey.

2. Meine Welt war mir zerbrochen,
Wie von einem Wurm gestochen
Welkte Herz und Blüthe mir;
Meines Lebens ganze Habe,
Jeder Wunsch lag mir im Grabe,
Und zur Qual war ich noch hier.

3. Da ich so im Stillen krankte,
Ewig weint' und wegverlangte,
Und nur blieb vor Angst und Wahn:
Ward mir plötzlich, wie von oben
Weg des Grabes Stein gehoben,
Und mein Innres aufgetan.

4. Wen ich sah, und wen an seiner
Hand erblickte, frage Keiner,
Ewig werd' ich dieß nur sehn;
Und von allen Lebensstunden
Wird nur die, wie meine Wunden
Ewig heiter, offen stehn.
(Friedrich von Hardenberg, Novalis 1772-1801)

Bis in die Wortwahl hinein fallen in der 2. Strophe des Gedichts Verwandtschaften zum Lied „Rast" in der „Winterreise" auf:

Winterreise Nr. 10 (1827):

Auch du, mein Herz, in Kampf und Sturm
So wild und so verwegen,
Fühlst in der Still´ erst deinen Wurm
Mit heißem Stich sich regen!"

Bei Novalis (1802):

2. Meine Welt war mir zerbrochen,
Wie von einem Wurm gestochen
Welkte Herz und Blüthe mir.

Für Novalis wird der Gekreuzigte zum Ort der Erlösung aus Qual und Existenzangst. Der Wanderer der Winterreise dagegen landet bei einer Frage ohne Antwort.
Dass alle Sicherheiten wegbrechen können, dass alle Hoffnungsträume verwelken können, „wie von einem Wurm gestochen", ist eine uralte Erfahrung des Menschen. Der Winter eignet sich als Metapher für eine Seelenlandschaft der Kälte und

der Einsamkeit. Im Winter werden Träume zu Eisblumen am Fenster. Der Winter steht für Lebensfeindlichkeit und Tod.

Auch der Liederdichter Paul Gerhardt (1607-1676) verwendet zweihundert Jahre zuvor die Winter- Metapher. Aber sein Lied **endet** nicht mit der Frage an den Leiermann "Soll ich mit dir gehen?", sondern **beginnt** mit der Frage *Sollt ich meinem Gott nicht singen"* *(EG 325).* Gerhardt erinnert in der 9. Strophe seines Liedes daran, dass jeder Winter auch endet:

Wenn der Winter ausgeschneiet,
tritt der schöne Sommer ein;
also wird auch nach der Pein,
wer's erwarten kann, erfreuet.
Alles Ding währt seine Zeit,
Gottes Lieb in Ewigkeit.

Paul Gerhardt will Zuversicht verbreiten: Vertraue darauf: So wie der Sommer auf den Winter folgt, so folgt auf die Zeit der Verzweiflung die Zeit der spürbaren Nähe Gottes. Du brauchst Geduld. „*Wer´s erwarten kann"* wird erfahren, was der Refrain am Ende jeder Strophe immer wiederholt:

„*Alles Ding währt seine Zeit, Gottes Lieb in Ewigkeit".*

Hat Paul Gerhardt recht? Ist das nicht Selbstbetrug? Muss ich, um das zu glauben, die sprichwörtliche, „rosarote Brille" aufsetzen? Sollte ich mir doch lieber nichts vormachen und dem Leiermann folgen? Auch die Klagepsalmen der Bibel machen sich nichts vor. Ihre Autoren waren keine Schönfärber. Sie nehmen kein Blatt vor den Mund und schleudern ihre Klage Gott vor die Füße. Der Satz, den Jesus am Kreuz herausschrie: „*Mein Gott, mein Gott, warum hast du mich verlassen?"* zeugt davon. Er stammt aus dem 22. Psalm. Allerdings sollte man ihn weiterlesen. Derselbe Psalm enthält das Versprechen: „Die Elenden sollen essen, dass sie satt werden und die nach dem Herrn fragen, werden ihn preisen." Denn wenn es so wäre, dass niemand und nichts hilft, als ein „Hilf dir selbst", führt der Weg in die Verzweiflung, in Fatalismus und Depression.

Aber was oder wer hilft? Ich möchte die Fragen noch auf die Spitze treiben: Die Behauptung „Jesus ist die Antwort" wirkt naiv. Die Frage muss erlaubt sein, ob Jesus für uns überhaupt existenzrelevant ist und was der Glaube an „Jesus Christus" denn

Hilfreiches anzubieten hat? Wird Jesus gebraucht? Ist Jesus wirklich die erlösende „Antwort", um mit ihr den Widersprüchen und Absurditäten dieser Welt zu begegnen, in der 10% der Weltbevölkerung 85% des Weltvermögens besitzen? In einer Welt, in der politische Großmäuler das Sagen haben und sich Diktatoren an ihre Macht klammern. In einer Welt, in der alle paar Sekunden ein Kind an Hunger stirbt, und gefangene Kindersoldaten in Afrika hingerichtet werden. In einer Welt, in der sinnlose Kriege geführt werden, die oft auch noch durch Ideologien oder religiösen Fanatismus ausgelöst werden. In einer Welt, in der Naturkatastrophen und Pandemien viel Leid und den Tod bringen können. In einer Welt, in der Anhänger von Verschwörungstheorien Hass verbreiten und Minderheiten unterdrückt werden. In einer Welt, die seit Jahrzehnten an dem Ast sägt, auf dem sie sitzt, dem Planeten Erde. Das Boot droht unterzugehen, während die Besatzung sich darüber streitet, wem das Boot gehört.

Wirkt es in unserer Situation nicht wie Hohn, wenn gesungen wird:

„Von guten Mächten wunderbar geborgen
erwarten wir getrost, was kommen mag"?

Hilft es denn, nur zu beten und *„getrost zu erwarten"*? Muss man nicht vielmehr warnend trommeln wie die stumme Kathrin in Bert Brechts „Mutter Courage und ihre Kinder", oder wie die Klimaforschung. Ist es am Ende nicht viel vernünftiger, die Position des Arztes Rieux aus dem Roman "Die Pest" von Albert Camus einzunehmen, der sagt:

„Da die Weltordnung durch den Tod bestimmt wird, ist es vielleicht
besser für Gott, wenn man nicht an ihn glaubt und dafür mit aller
Kraft gegen den Tod ankämpft, ohne die Augen zu dem Himmel zu
erheben, wo er schweigt".
(Albert Camus/ Die Pest, © Rowohlt S. 104)

Und Gott schweigt oft. Dann fragen wir uns: Wo ist Gott? Wenn es ihn geben soll, wieso lässt er uns dann allein? Diese Frage erschütterte schon vor über zweitausend Jahren den Dichter des 42. Psalms:

„Meine Tränen sind meine Speise Tag und Nacht, weil man täglich zu
mir sagt: Wo ist nun dein Gott?" (Ps. 42,4).

„Wo ist denn nun **sein** Gott?" werden auch die römischen Soldaten über Jesus gedacht haben, die den Gekreuzigten auslachten und über dessen Haupt Pilatus das Spottschild anbringen ließ:
„Jesus aus Nazareth, König der Juden".
Die Vernunft fragt: Was soll das für ein allmächtiger Gott sein, der seinen Sohn grausam für unsere Sünden opfert? Wie soll mir ein Mensch helfen, der vor zweitausend Jahren gelebt hat, der als angeblicher „Sohn Gottes" der Lächerlichkeit preisgegeben wurde und ohnmächtig gestorben ist? Einen überzeugenderen Beweis für die Irrelevanz eines solchen „Spinners" und Leugners der wahren Machtverhältnisse kann es wohl nicht geben. Um das Scheitern zu kaschieren, soll er auch noch auferstanden sein. An Himmelfahrt verschwand er dann endgültig, nicht ohne uns angeblich seinen „Heiligen Geist als Tröster" zurückzulassen. Ein solcher Jesus taugt nicht für Realpolitik. Damit kann die Welt nicht regiert werden. Dazu braucht es Menschen, die der Realität ins Auge sehen. Es gilt zwar der Vorrang der Diplomatie: „Miteinander reden ist besser als schießen". Aber es gibt eine Übereinkunft auf allen Seiten: Ohne Militär lässt sich Frieden nicht sichern. Man muss mit den Muskeln spielen können, wenn man verhandelt.

Vielleicht geraten wir immer wieder deshalb in dieselben Sackgassen der Macht, weil wir so wenig aus der Geschichte lernen. Längst wissen wir, dass militärische Gewalt die Probleme auf unserem Globus für das Überleben auf diesem einmaligen Juwel des Weltalls nicht löst, sondern weiter verstärkt und ihre Bewältigung gefährlich verzögert. Wer aufmerksam und mit zunehmendem Erschrecken die immer subtiler werdenden Mechanismen der Macht analysiert, dem dämmert, dass es langfristig gesehen genau umgekehrt sein könnte:

Jesus ist der Realist und wir sind die „Spinner".

Dieser Menschensohn, der sich im Leben und Sterben von Gott eingehüllt wusste, zeigt den einzig möglichen Weg aus der Spirale der Gewalt: Den Weg der Liebe, den er mit seinem Tod am Kreuz bezahlte. Jeder Mensch sehnt sich im Grunde nach einer Gemeinschaft, in der er sich aufgehoben fühlt. Keiner will allein sein. Menschsein bedeutet „Zusammensein". Aber was ist ein gutes Zusammensein?

Der Theologe Eberhard Jüngel hat es beschrieben:

„Gut ist Sein als Zusammensein... Leben ist nur möglich als Zusammenleben...Zusammensein gibt es auch in der Weise des Sichzusammenrottens, in der Weise der Verschwörung einiger gegen andere. Das Zusammensein der einen kann sich gegen das Zusammensein der anderen richten. Zusammensein kann außerdem die Gestalt des Zusammenwucherns annehmen, so dass es zu bösartigen Wucherungen, zu einem Zuviel an Sein kommt. Zusammensein kann aber auch umgekehrt die Gestalt defizitären Zusammenseins haben. Man kann zusammensein und siehe- es fehlt etwas; es fehlt vielleicht sogar das Entscheidende...Nach dem gesamten biblischen Zeugnis duldet es aber keinen Zweifel, dass gut nur dasjenige Zusammensein ist, das Gott liebevoll und schöpferisch bejaht hat. Ja heißt das schöpferische, das göttliche Urwort, dem sich alles Gute verdankt."

(Eberhard Jüngel/ Erfahrungen mit der Erfahrung- Böse- was ist das? Versuch einer theologischen Begriffsbestimmung S. 66-68 2008 © Radius Verlag, Stuttgart)

Unter diesen Vorzeichen sind Lieder der Christenheit zu lesen. Sie sind eine Stimme der Hoffnung auf einen Gott, der zu mir sagt: Du bist nicht allein. Ich bin da! Aber nicht da oben, sondern hier unten als Mensch in Christus. Je dunkler der Hintergrund, desto heller beginnen die Lieder zu leuchten wie ein Transparent, das im dunklen Weihnachtszimmer von einer Kerze erleuchtet wird. "Weil Gott in tiefster Nacht erschienen, kann unsre Nacht nicht traurig sein" heißt es in einem Weihnachtslied (EG 56) aus dem 20. Jahrhundert.

2. Ist die Sprache christlicher Lieder noch in der Breite kommunizierbar?

Gesungene Worte werden wie Samen in unser Inneres versenkt. Ihr Sinn geht uns oft erst viel später auf, in Situationen, in denen wir um Worte ringen, in Situationen, die ins sprachlos machen oder sogar verstummen lassen. Eins ist klar: Die biblische Sprache muss übersetzt werden, weil ein Vorverständnis immer weniger vorausgesetzt werden kann.
Die theologische Anthropologie, die theologische Lehre vom Menschen, fordert deshalb eine „Zweisprachigkeit". Sie soll dazu befähigen, biblisch vom Menschen zu reden und zugleich auf der Höhe der zeitgenössischen wissenschaftlichen Erkenntnis über den Menschen zu sein.

Aber wir spüren: Das ist noch nicht alles. Wenn etwas bei uns ankommen soll, muss es uns auch auf der emotionalen Ebene berühren. Sonst bleibt es reine Information.
Aber **welche** Sprache ermöglicht echte Kommunikation?

Unser individueller Sprachschatz ist begrenzt. Der Philosoph Ludwig Wittgenstein (1889-1951) formulierte treffend:

„Die Grenzen meiner Sprache bedeuten die Grenzen meiner Welt".
(Tractatus logico-philosophicus. Tagebücher 1914-1916. Philosophische Untersuchungen 1984 , Suhrkamp)

Es gibt Momente, da spüren wir schmerzlich unsere eigenen Sprachgrenzen, nicht nur dann, wenn wir Menschen begegnen, deren Sprache wir nicht beherrschen, sondern auch in Situationen, in denen wir um Worte ringen, weil uns die Worte fehlen.
In solchen Momenten spielen Lieder eine wichtige Rolle.
Sie leihen uns Worte und Töne. Offensichtlich setzen sich gesungene Worte auf viel unmittelbarere, nonverbale und geheimnisvolle Weise in unserem Unterbewusstsein fest.
Lieder sind eine unzertrennliche Verbindung von Klang und Wort.
Lieder haften tiefer im Gedächtnis als Gesprochenes.
Denn sie werden dreifach in uns verankert:

Als Erinnerung an eine Melodie,
als Erinnerung an einen Text,
als Erinnerung an eine Situation.

Ein Lied kann zum „Sprachgesell in Einsamkeit" werden, wie es Paul Gerhardt so wunderbar formuliert hat (EG 83,6). Es ist wie bei einer guten Freundschaft. Mit jeder Begegnung wird sie tiefer und scheint sich mit Energie aufzuladen wie eine Batterie. Das bewirkt die Kraft der Wiederholung. Wie tief eine Melodie im Herz versenkt sein kann, selbst wenn das Gedächtnis schwindet, hat mir das Schicksal eines Freundes gezeigt, das mich sehr berührt hat. Er, der eine führende Stellung in einem Unternehmen innehatte, kreativ und kompetent in der kommunalen Kultur mitgemischt und jahrelang in meiner Kantorei mitgesungen hat, wurde dement. Er sprach kaum noch, weil er den Sinn von Sätzen nicht mehr verstehen konnte, sehr wohl aber am Sprachklang Gefühle erfasste und mit Emotionen reagierte. Er konnte noch lesen. Im Gottesdienst sang er die Lieder mit innerer Anteilnahme mit, wenn seine Frau mit dem Finger den

Text im Gesangbuch nachfuhr. Die Erinnerung an den Wortsinn war verloren gegangen, die Erinnerung an die Melodie nicht. Das war an der Freude abzulesen, die ihm ins Gesicht geschrieben stand, wenn er sie sang.

Bestimmte Lieder, die wir gern singen, werden scheinbar in einer Art „innerer Bibliothek" abgelegt. Diese "Bibliothek" sollte nicht aus leeren Regalen bestehen. Denn in bestimmten Lebenssituationen können Lieder zur Lebenshilfe werden, wenn sie mir einfallen. Es kann sein, dass mir erst nach Jahren plötzlich die Tiefendimension eines Liedes aufgeht, obwohl ich es seit Kindheitstagen gesungen habe. In solchen Momenten des Erkennens der existenziellen Wahrheit eines Liedes werden die Dichter und Dichterinnen längst vergangener Generationen zu meinen Zeitgenossen. Der 1676 gestorbene Paul Gerhardt sitzt dann neben mir in der Kirchenbank, wenn ich singe „Nun ruhen alle Wälder", oder der 1945 im KZ Flossenbürg von den Nazis auf grausame Weise erhängte Dietrich Bonhoeffer, hört mir zu, wenn ich sein Lied anstimme „Von guten Mächten wunderbar geborgen". Dann wird eine Strophe aus diesem Lied wahr:

„Wenn sich die Stille nun tief um uns breitet
So lass uns hören jenen vollen Klang der Welt,
die unsichtbar sich um uns weitet,
all deiner Kinder hohen Lobgesang". (EG 65,6)

Dieser „volle Klang der Welt", den Bonhoeffer meint, ist „v i e l sprachig". Dieser „volle Klang der Welt" enthält eine bunte Fülle von Glaubenserfahrungen aus verschiedenen Lebenswelten. Es gibt Menschen rund um den Erdball, die sich einen **Reim auf das Ungereimte** in dieser Welt machen. Sie schreiben Lieder vom Glauben. Sie riskieren das „Trotzdem" und versuchen, mir, meinem Fühlen, meinen Emotionen, meiner Angst, meinem Zweifel, meinem Staunen, meinem Glück die Worte zu leihen, auch da, wo sie mir selbst fehlen, wo ich sie nicht zu sprechen wage oder verstummt bin. Ich möchte solche Lieder **„Poesie für das Leben"** nennen. Sie repräsentieren verschiedene Stile und Liedkulturen aus Vergangenheit und Gegenwart. Diese Vielfalt ist ein Gewinn an Horizont, ein Gewinn an Lebendigkeit, ein Gewinn an Sprach-fähigkeit. Lieder aus vielen Jahrhunderten können uns helfen, ganz unterschiedliche Worte für unseren Glauben zu finden, Grenzen zu überschreiten und die Echokammern des eigenen Sprachmilieus zu verlassen. Die Erweiterung des Liedrepertoires durch neue Lieder verlangt einen spannenden Lernprozess. Das Einigeln in der eigenen Wohlfühlgruppe dagegen führt zu Abschottung und Ausgrenzung. Die christliche Kirche sollte deshalb gerade das einüben, was in unserer Gesellschaft defizitär ist:

Die milieuübergreifende Kommunikation.

Wenn es uns gelingt, viele verschiedene Arten der Rede von Gott in unseren Gottesdiensten nicht als Trennendes zu verstehen, sondern als vielsprachige Kommunikation durch biblische Sprache, Alltagssprache, einfache Sprache, durch traditionelle Choräle, Spirituals, Jazz-, Gospel-, Pop- und Taizé-Gesänge, Worship- und Lobpreisliteratur bis hin zu Liedern aus der weltweiten Ökumene, dann wird die christliche Kirche mit dieser polyglotten Vielfalt ein Zeichen setzen. Was davon bleibt, wird die Zeit zeigen. Aber diese Basis wird es ermöglichen, dass jeder einen „Trittstein" im Gottesdienst finden kann, wie es der Hymnologe Martin Rößler einmal formuliert hat. So lernen wir voneinander und erleben Kirche als einen Ort, den die biblische Pfingstgeschichte so beschreibt:

„Wir hören einen jeden in seiner Sprache von den großen Taten Gottes reden" (Apostelgeschichte 2, 11)

Was ich nicht kenne, kann ich allerdings auch nicht mitsingen. Und wer im Gottesdienst nicht mitsingen kann, fängt an zu fremdeln. Wird die Liedtradition seit der Reformation in Vergessenheit geraten? Zu weit weg, zu unverständlich, nur was für hymnologische Seminare? Das wäre ein Verlust. Eine **Zukunft** des Singens in der Kirche wird es nur geben mit dem Wissen um seine **Herkunft.** Wer die eigene Liedtradition kennen und lieben gelernt hat, kann an sie anknüpfen. An welche Erfahrungen der Generationen vor uns können wir anknüpfen? Welchen Glauben wollen sie uns vermitteln? Was kann uns Mut machen, unser Leben in die Hand zu nehmen? Die Dichterinnen und Dichter aller Epochen des Gesangbuchs glauben, dass wir Gott nicht als Hypothese in die Welt **hineinlesen,** sondern dass wir Gott aus der Welt **herauslesen** können. Was sie herauslesen, versuchen sie in Worte zu fassen. Sie vertrauen auf die Macht des Wortes. Worte sind für sie nicht Schall und Rauch. Aus einem Wort entstand nach jüdisch-christlichem Glauben die ganze sichtbare und unsichtbare Welt: „Und Gott sprach: *Es werde* und *es ward*". Das Lied *„Gott hat das erste Wort"* (EG 199) erinnert daran:

Gott hat das erste Wort.
Es schuf aus Nichts die Welten
und wird allmächtig gelten
und gehn von Ort zu Ort.
(Joh 1,1-3 Text: © Markus Jenny)

Auch Luther setzte bei der Sprache an. Latein war die Sprache der Gelehrten, Deutsch die Sprache des Volkes. Er wollte, dass der kirchliche Gesang nicht Aufgabe des Klerus bleibt.
Die Beteiligung der Gemeinde am Gesang im Gottesdienst war sein erklärtes Ziel. Also sollten auch die Gesänge und Lieder in der Volkssprache verfasst sein.
War die katholische Messe eine festliche und eindrucksvolle Inszenierung der Eucharistie mit l a t e i n i s c h e n Gesängen, an der das Laienvolk nur mit kurzen gesungenen Akklamationen teilnahm, wollte Luther den k l e r i k a l e n Messgesang durch den Gesang der ganzen Gemeinde in der V o l k s s p r a c h e ersetzen. Eine Herkulesaufgabe. Er und seine Mitarbeiter verwandelten das lateinische Messordinarium mit *Kyrie, Gloria, Credo, Sanctus* und *Agnus dei* in deutschsprachige Gemeindegesänge, die Hymnen der Gregorianik und die Liedformen der Meistersinger um Hans Sachs in volkssprachliche Strophenlieder für die Gemeinde. Doch wie sollten diese Neuschöpfungen unter die Leute gebracht werden? Wie sollte die ungeschulte Gemeinde mit ihrem Singen die in Sängerschulen ausgebildeten Kleriker ersetzen?
Der gerade erfundene Notendruck kam Luther zu Hilfe und verlieh der reformatorischen Singbewegung Flügel. Diese Medienrevolution des 16. Jahrhunderts ermöglichte eine der genialsten Errungenschaften der Reformation: Das **Gemeindegesangbuch**. Die Bibel in der Volkssprache und das Gesangbuch waren die wichtigsten Schulbücher. Mit diesen Büchern in der Hand wurde das Lesen, Schreiben und Singen erlernt.

Die Tradition der evangelischen Gesangbücher in den deutschen Landen begann 1523/24 mit dem in Nürnberg gedruckten **„Achtliederbuch"**. Weitere Gesangbücher folgten in wenigen Jahren. Im Achtliederbuch erschien erstmals Luthers Lied *„Nun freut euch, lieben Christen g´mein"*. Die erste Liedstrophe könnte als Motto über allen Liedern der Reformation stehen:

Nun freut euch, lieben Christen g´mein
*Und lasst uns **fröhlich springen**,*
dass wir getrost und all in ein´
mit Lust und Liebe singen. (EG 341)

Von wegen Stillsitzen in der Kirche: Das „*fröhlich springen*" kommt
bei Luther noch vor dem „*mit Lust und Liebe singen*"!
Seit seiner ersten Veröffentlichung fehlte dieses Lutherlied in
keinem evangelischen Gesangbuch. Im Achtliederbuch steht auch
das Gegenstück: Luthers Klagelied, das heute sogar im katholischen
Gotteslob zu finden ist (GL 277):
„*Aus tiefer Not schrei ich zu dir, ich bitt´ erhör mein Rufen*"
(EG 299), eine freie Nachdichtung von Psalm 130.

Dieses Liederpaar markiert die beiden Pole menschlicher Seelen-
zustände: Vor Freude singen und aus Verzweiflung schreien,
die Nähe Gottes erfahren und sich von Gott verlassen fühlen,
das „Halleluja" und das „Kyrie eleison".
Wer immer nur „Halleluja" singt, ist wenig glaubwürdig und sollte
bedenken, dass das „*Kyrie*", das „*Herr, erbarme dich*", auch in der
Messe nicht ohne Grund dem Halleluja vorausgeht. Wer die
Reihenfolge ändert und das Pferd am Schwanz aufzäumt, erreicht
nicht die „Mühseligen und Beladenen".
Trotzdem sind Christen keine Trauerklöße. Der Sonntag ist der Tag
der Auferstehung. Jeder Sonntagsgottesdienst ist seit der
Urchristenheit ein fröhliches Osterfest, eine Auferstehung zum
Leben.
Leider merkt man ihm das nicht immer an. Mir fällt dazu eine kleine
Geschichte aus dem Predigtseminar ein:
Der Theologieprofessor weist seine Studierenden darauf hin, dass
nicht nur die Worte wichtig sind, sondern auch die Mimik: „Wenn
Sie zum Beispiel vom Himmel sprechen, machen Sie ein fröhliches
Gesicht!" Einer fragt nach: „Und wenn ich von der Hölle predige?"
Darauf der Professor: „Dann können Sie bleiben, wie Sie sind!"

Es muss aber nicht alles bleiben, wie es ist. Wir müssen nicht
bleiben, wie wir sind. Lieder der christlichen Kirche schwimmen
gegen den Strom der Resignation. Sie wollen Mut zum Leben
machen. Das ist ihre therapeutische Wirkung.

3. Was bedeutet für mich Tradition?
Eine berühmte Sentenz heißt: *Tradition ist nicht die Anbetung der
Asche, sondern die Weitergabe des Feuers.*
Würde Tradition bedeuten, dass alles bleiben soll, wie es ist, wäre
das „die Anbetung der Asche". W i r müssen die Tradition nicht

retten. Es ist umgekehrt: Die Tradition rettet u n s. Sie rettet uns vor der eigenen Arroganz, zu meinen, mit uns würde die Welt beginnen. Tradition ist Weitergabe des Feuers.

„Brannte nicht unser Herz in uns, als wir mit ihm redeten", sagten die Emmausjünger, nachdem ihnen der Auferstandene begegnet war (Lukas 24,32).

Wenn in der Osternacht-Liturgie eine Kerze am Licht der Osterkerze entzündet wird und dann das Licht durch die Bankreihen wandert, bis alle Kerzen angezündet sind, ist das ein Zeichen für Tradition, für die Weitergabe des Osterfeuers. Denn wörtlich bedeutet das lateinische Wort „tradere" weitergeben".

Mit ihren Liedern gibt jede Generation der nächsten weiter, was ihr selbst geholfen hat. Es ist wie bei einem Staffellauf. Wir bekommen etwas übergeben, aber dann laufen wir selbst und erweitern das Repertoire um unsere eigenen Lieder. Einiges wird dabei auf der Strecke bleiben, bevor wir unsererseits den Staffelstab an die nächste Generation weitergeben.

Die christliche Kirche braucht zeitgenössische Dichterinnen und Dichter, Musikerinnen und Musiker, die in ihre Zeit hineinlauschen, auf neue Themen, Sorgen und Erfahrungen reagieren, unterschiedliche Musiksprachen aufnehmen und sie in neue Lieder verwandeln.

Mein Lehrer, KMD Prof. Gerd Witte, hat mir eine Anekdote erzählt, die er als junger Kirchenmusiker in Schwaben erlebt hat:

Als das Evangelische Kirchengesangbuch, das EKG von 1953 in den Gemeinden eingeführt wurde, sprach ihn eine alte Frau auf der Straße verärgert in breitem Schwäbisch an:

„Saget se mol, hätt´ mer mit dem neue G´sangbuch net warte könne, bis alle alte Leit´ g´storbe send?"

Nein, die Kirche kann nicht warten. Sie darf nicht nur Bestandswahrung betreiben. Aber sie sollte ihr Erbe auch nicht einfach vergessen. Neue Lieder bauen auf dem auf, was Generationen vor uns gesungen haben. Alte Lieder sind nicht per se wertvoll. „Alt" ist noch kein Qualitätsmerkmal, aber die Existenzrelevanz bis in die Gegenwart durchaus.

Ein kurzer Blick in die Gesangbuchgeschichte kann das belegen. Die Tradition der deutschen Gesangbücher begann mit einem zarten Pflänzchen, dem schon erwähnten **Achtliederbuch.**

Nach 500 Jahren stehen immer noch vier Lieder daraus im Evangelischen Gesangbuch:

Die Lutherlieder
EG 299 „Aus tiefer Not schrei ich zu dir" (Psalm 130) und
EG 273 „Ach Gott, vom Himmel sieh darein" (Psalm 12)
EG 341 „Nun freut euch, lieben Christen g'mein"
und das Lied des Königsberger Reformators Paul Speratus
EG 342 „Es ist das Heil uns kommen her".

Aus diesem zarten Setzling ist im Lauf der Jahrhunderte ein
stattlicher Baum mit vielen Jahresringen geworden. Mit ihren
Liedern vom Glauben wollen die Autorinnen und Autoren weitergeben, was ihnen im Leben geholfen hat. Der gemeinsame Nenner
aller Lieder vom Glauben ist die Botschaft:
Alles ist vergänglich. Selbst menschliche Liebe ist brüchig. Nur
Gottes Liebe ist unverbrüchlich. Wenn unser Handeln von der Liebe
geleitet wird, brauchen wir keine Regeln und Gesetze mehr. Nur die
Liebe macht „Leib und Seele" gesund. Jesus macht es vor, was es
heißt, in unbedingtem Vertrauen auf Gottes Liebe zu leben. Noch
am Kreuz weigert er sich, die zu hassen, die ihn verspotten und
töten, sondern betet:

„*Vater, vergib ihnen, denn sie wissen nicht, was sie tun!*" (Lukas 32,34).

Von der Liebe lässt Jesus sich auch gegenüber seinen Mördern nicht
abbringen. Der Grundton, auf den alle Lieder vom Glauben
gestimmt sind, steht im 1. Johannesbrief:
"*Gott ist Liebe, und wer in der Liebe bleibt, der bleibt in Gott und Gott
in ihm*" (1. Joh. 4,16)
Wer sich in Jesu Worte vertieft, zum Beispiel in die Worte der
Bergpredigt (Matth. 5), wer verfolgt, wie Jesus Menschen gesund-
macht, wie er religiöse Fanatiker in ihre Grenzen weist, wie er sich
Bettlern, Lahmen, Blinden, Gemobbten, Loosern zuwendet, der soll
angesteckt werden von dieser bedingungslos praktizierten Liebe.
Selbst seinen Tod nimmt Jesus aus Gottes Händen an. Weil er es uns
vorgemacht hat, verliert der Tod seinen Schrecken und der Himmel
kommt auf die Erde.
Wer sich geliebt weiß, der kann zurücklieben, der erfährt, was
Ostern ist, der steht auf zum Leben, der kann darauf hoffen, dass wir
im Tod nicht ins Nichts fallen, sondern in Gottes Hand. Deshalb
kann Luther den Tod anlachen und in seinem Osterlied
"Christ lag in Todesbanden" die Zeile dichten:
„*Das Leben behielt den Sieg, ein Spott der Tod ist worden*" (EG 101).

Diese Botschaft will dem Abgrund trotzen, der sich immer wieder vor uns auftut. Die von Johann Sebastian Bach so eindrücklich vertonte Strophe aus dem Choral "Jesu, meine Freude" (EG 396) ist in diesem Sinne ein Protestsong erster Güte:

Trotz dem alten Drachen,
Trotz dem Todesrachen,
Trotz der Furcht dazu!
Tobe, Welt, und springe,
ich steh hier und singe
in gar sicherer Ruh.
Gottes macht hält mich in acht,
Erd und Abgrund muss verstummen,
ob sie noch so brummen.

Das Lied kehrt den Spieß um: **Nicht wir** müssen verstummen angesichts von Schicksalsschlägen, Hass und Gewalt, sondern *Erd und Abgrund muss verstummen!*

Ein solcher Glaube ist eine **Zu-Mutung** im doppelten Sinn. Im zweiten Teil will ich Liederpaare zu bestimmten Themen vorstellen, die uns einen solchen Glauben zu-muten.

II Alte und neue Lieder im Dialog

Impulse zum Nachdenken und Anregungen für die Praxis

Dass die tradierten und die neuen Lieder der Christenheit
"Poesie für das Leben" seien, ist zunächst eine steile These. Heute
hört man eher das Gegenteil. Sie gelten in weiten Kreisen als unverständlich, lebensfern, verstaubt. Selbst neue geistliche Lieder sind
eher bei der kirchlichen Insiderjugend populär. Dennoch will ich
gerade in diesen Liedern mit Ihnen auf die Suche gehen nach jenem
"vollen Klang der Welt, die unsichtbar sich um uns weitet".

Für dieses Kapitel habe ich Lieder ausgewählt und gesammelt wie
Kinder schöne Muscheln am Strand. Ich habe sie gewählt, weil ich
sie gern singe oder weil mir durch sie Zugänge zu anderen Lebenswelten eröffnet wurden. Die Sammlung ist nach Stichworten
geordnet. In der Regel habe ich ein altes einem neuen Lied
gegenübergestellt.
In solchen Dialogen zwischen alt und neu steckt auch Potenzial für
die Gestaltung von Gottesdiensten. Manch ältere Lieder sind längst
„Evergreens" geworden. Sie haben bereits schwere Stürme der
Geschichte überstanden. Die neueren Lieder haben eine viel kürzere
Bewährungszeit hinter sich, aber sie gehen auf neue Lebenswelten
ein und sind nicht ohne Grund für aktuelle Veröffentlichungen
ausgewählt worden. Alle von mir ausgewählten Liedbeispiele sind
für mich der Versuch, mit poetischen Mitteln auf Erfahrungen zu
antworten, die Menschen mit ihrem Glauben gemacht haben.
Mit ihren Liedern sind die Autorinnen und Autoren das Risiko
eingegangen, sich einen „Reim auf das Ungereimte" zu machen.

1. Mit Lust und Liebe singen-
Ehre sei Gott auf der Erde

Psalm 149, 1. 3
*Singet dem Herrn ein neues Lied. Die Kinder Zions sollen loben seinen
Namen im Reigen, mit Pauken und Harfen sollen sie ihm spielen.*

1.1.

EG 341	**Nun freut euch lieben Christen gmein**
EG Wü 611	**Ich lobe meinen Gott, der aus der Tiefe**

EG 341   **Nun freut euch lieben Christen gmein**
(Martin Luther, "Achtliederbuch" 1523/24)

Das oben schon als Mottolied der Reformation angesprochene Lied
von Martin Luther hat die Form einer Ballade, die bei den
Meistersingern im weltlichen Bereich beliebt war. Schon als junger
Mann soll Martin Luther gern Balladen gesungen und sich dabei
selbst auf der Laute begleitet haben. Mit diesem Lied gießt er die
zentrale Botschaft seiner reformatorischen Theologie in die Form
einer erzählenden Ballade. Drei Personen kommen zu Wort:
Mensch, Gott, Christus.
Luther schlüpft in die Rolle eines Bänkelsängers. Diese Rolle lässt
sich zu einer Szene ausmalen: Ein Straßenmusiker singt auf dem
Marktplatz eine Ballade im Stil der Meistersinger. Die erste Strophe
dient ihm als Passantenstopper. Weil es keine Zeitung im modernen
Sinne gab, wurden Neuigkeiten von Mund zu Mund erzählt. Der
Sänger kündigt eine solche *Neuzeitung* an: Die Geschichte von einer
„süßen Wundertat". Der impulsive, springende Achtelauftakt der
Melodie in jeder Verszeile tut ein Übriges um die Aufmerksamkeit
der Vorbeieilenden zu wecken. Der eine oder andere bleibt stehen
und wird neugierig. Was "geht da ab"? Was ist das für eine „süße
Wundertat", von der hier die Rede ist?

1. Nun freut euch, lieben Christen g'mein,
und lasst uns fröhlich springen,
dass wir getrost und all in ein
mit Lust und Liebe singen,
was Gott an uns gewendet hat
und seine süße Wundertat;
gar teu'r hat er's erworben.

In den Strophen 2 und 3 schildert der Sänger seine hoffnungslose
und verzweifelte Lage, in der er sich befunden hat, bevor Gott
eingriff: „Zur Höllen musst ich sinken".
Bei der Zuhörerschaft regt sich Empathie: „Der arme Tropf" oder:
„So saß ich auch schon in der Sch...".

Mensch:
2. Dem Teufel ich gefangen lag,
im Tod war ich verloren,
mein Sünd mich quälte Nacht und Tag,
darin ich war geboren.
Ich fiel auch immer tiefer drein,

es war kein Guts am Leben mein,
die Sünd hatt' mich besessen.

3. Mein guten Werk, die galten nicht,
es war mit ihn' verdorben;
der frei Will hasste Gotts Gericht,
er war zum Gutn erstorben;
die Angst mich zu verzweifeln trieb,
dass nichts denn Sterben bei mir blieb,
zur Höllen musst ich sinken.

In der 4. Strophe lässt der Sänger Gott die Bühne betreten. Sogar
Gott rührt dieser Mensch in seiner Verzweiflung. *„Es jammert ihn".*
Er hat Mitleid. Und: *„Er dacht an sein Barmherzigkeit".*

4. Da jammert Gott in Ewigkeit
mein Elend übermaßen;
er dacht an sein Barmherzigkeit,
er wollt mir helfen lassen;
er wandt zu mir das Vaterherz,
es war bei ihm fürwahr kein Scherz,
er ließ's sein Bestes kosten.

Wie wird Gott im Himmel da oben den, der hier unten auf unserem
Marktplatz singt, aus seiner Notlage befreien?
In Strophe 5 und 6 entwickelt sich ein Gespräch zwischen Gott und
seinem Sohn. Gott im Himmel schickt dem armen Kerl seinen Sohn
zu Hilfe: „Er kam zu mir auf Erden, er sollt mein Bruder werden".

Gott:
5. Er sprach zu seinem lieben Sohn:
»Die Zeit ist hier zu erbarmen;
fahr hin, meins Herzens werte Kron,
und sei das Heil dem Armen
und hilf ihm aus der Sünden Not,
erwürg für ihn den bittern Tod
und lass ihn mit dir leben.«

Mensch:
6. Der Sohn dem Vater g'horsam ward,
er kam zu mir auf Erden
von einer Jungfrau rein und zart;
er sollt mein Bruder werden.
Gar heimlich führt er sein Gewalt,

er ging in meiner armen G'stalt,
den Teufel wollt er fangen.

In der 7. Strophe reicht Jesus Christus dem Verzweifelten die Hand,
zieht ihn hoch und sagt:
„Halt dich an mich!" Luther spielt auf eine damals verbreitete
Verlobungsformel an, wenn er Jesus zu diesem tief gesunkenen
Menschen sagen lässt:
„Ich bin dein und du bist mein, und wo ich bleib,
da sollst du sein, uns soll der Feind nicht scheiden".

Nicht einmal der „Feind" Tod kann diese Verbindung lösen. Jesus
verspricht: *„Ich geb mich selber ganz für dich".*

Christus:
7. Er sprach zu mir: »Halt dich an mich,
es soll dir jetzt gelingen;
ich geb mich selber ganz für dich,
da will ich für dich ringen;
denn ich bin dein und du bist mein,
und wo ich bleib, da sollst du sein,
uns soll der Feind nicht scheiden.

Und weiter sagt Christus: Selbst nach meinem Tod wird der Heilige
Geist als Tröster bei dir sein.

„Den Geist will ich dir geben,
der dich in Trübnis trösten soll".

8. Vergießen wird er mir mein Blut,
dazu mein Leben rauben;
das leid ich alles dir zugut,
das halt mit festem Glauben.
Den Tod verschlingt das Leben mein,
mein Unschuld trägt die Sünde dein,
da bist du selig worden.

9. Gen Himmel zu dem Vater mein
fahr ich von diesem Leben;
da will ich sein der Meister dein,
den Geist will ich dir geben,
der dich in Trübnis trösten soll
und lehren mich erkennen wohl
und in der Wahrheit leiten.

Wie in jedem anständigen Bänkellied weist der Sänger zum Schluss daraufhin, welche Lehre das Publikum aus der Geschichte ziehen soll:

„Hüt dich vor der Menschen Satz, davon verdirbt der edle Schatz: das lass ich dir zur Letze."

Der Sänger appelliert an seine Zuhörerschaft: Wenn ihr nicht in die Fänge von Lüge und Betrug geraten wollt, dann glaubt nicht an der „Menschen Satz", lauft nicht Ideologien, fake news oder falschen Glücksversprechen nach. Ihr werdet in der „Hölle" versinken, deren Feuer ihr selbst geschürt habt. Es geht um "Good news". Gott jedenfalls hat die Hölle nicht erfunden. Ganz im Gegenteil: Von Gott kommt eine frohe „Neuzeitung", die Botschaft von der unbedingten Liebe Gottes zu uns. Sie holt uns aus der Hölle, die wir uns selbst bereiten. Deshalb bittet Christus den Menschen:

10. Was ich getan hab und gelehrt,
das sollst du tun und lehren,
damit das Reich Gotts werd gemehrt
zu Lob und seinen Ehren;
und hüt dich vor der Menschen Satz,
davon verdirbt der edle Schatz:
Das lass ich dir zur Letze.«
(Martin Luther 1523)

In diesem Lied spiegelt sich Luthers eigene Lebensgeschichte. Luther, der als Mönch an der Frage verzweifelte, wie er als sündiger Mensch einen gnädigen Gott bekommen könne, fasste seine erlösenden Erkenntnisse aus dem Studium der Heiligen Schrift so zusammen:

Sola Scriptura,
Allein die Schrift hat Autorität in Glaubenssachen, nicht die Dogmen der Kirche und Erlasse des Papstes.

Sola Gratia,
Allein die Gnade Gottes befreit uns zum Glauben, nicht die Werke.

Sola Fide,
Allein der Glaube bringt uns zurecht, nicht unsere Werke.

Solus Christus,
Allein Christus zeigt uns den Weg zu Gott und zum ewigen Leben, nicht die Heiligen.

Soli Deo Gloria
Allein Gott gehört die Ehre.

Zugegeben: Die Frage, wie bekomme ich einen gnädigen Gott, ist für den heutigen Menschen nicht mehr die wichtigste. Für manchen ist sie wahrscheinlich völlig irrelevant. Ganz andere Fragen brennen ihm auf den Nägeln: Wir retten wir unseren Planeten? Was müssen wir tun, um ihn als Lebensraum zu erhalten? Wie lässt sich eine gerechtere Welt bauen, in der die Reichtümer besser verteilt sind, in der Hass und Gewalt, Machtstreben und Profitdenken dem Gedanken einer globalen Solidarität weichen?
Aber diese Fragen haben mehr mit dem Bänkellied zu tun, als es auf den ersten Blick scheinen mag. Die Worte aus der 5. Strophe des Lutherliedes können als direkte Überleitung zum nächsten Lied verstanden werden:

„Die Zeit ist hier zu erbarmen;
fahr hin, meins Herzens werte Kron,
und sei das Heil dem Armen."

Gott ist ein Erbarmer und wird „zum Heil dem Armen". Das ist im folgenden neuen Lied der freudige Anlass, Gott zu loben. Gott holt den aus der Tiefe, der gerade noch gesungen hat:
„Zur Hölle musst ich sinken".

EGWü 611 Ich lobe meinen Gott, der aus der Tiefe mich holt
Inhaltlich hat das Lied viele deckungsgleiche Aussagen mit dem Bänkellied von Luther. Das Lied lobt Gott, der mich aus der *„Tiefe holt"*, der mir *„die Fesseln löst"*, der mir *„einen neuen Weg weist"*, der *„mir mein Schweigen bricht"*, der *„meine „Tränen trocknet, dass ich lache"*. Der Mensch hat allen Grund, Gott zu loben und in das *Gloria in excelsis Deo* des Refrains einzustimmen: „Ehre sei Gott in der Höhe". Aber Moment mal, so steht das ja gar nicht da, sondern es heißt: „Ehre sei Gott **auf der Erde**", *Gloria in terra Deo*, und die Menschen singen dieses *„Ehre sei Gott auf der Erde"*, *bis das Lied zum Himmel steigt"*. Das Lob Gottes beginnt demnach nicht im Himmel, sondern auf der Erde. Erst dann stimmen auch die Engel ein und singen: *„Ehre sei Gott und den Menschen Frieden"*.
Dem Wechsel von Erde zu Himmel entspricht der Wechsel der Tonart beim Übergang zum Refrain. Der Refrain des Liedes moduliert von D-Dur nach F-Dur, ein Lied in zwei verschiedenen Tonarten, einzigartig im Evangelischen Gesangbuch.

Die Strophen wirken mit ihren rezitierenden Tonwiederholungen wie eine Psalmodie. Im Kontrast dazu ist der Kehrvers eine hymnische Melodie, die den engen Tonraum der Strophen sprengt.

1. Ich lobe meinen Gott, der aus der Tiefe mich holt, damit ich lebe.
Ich lobe meinen Gott, der mir die Fesseln löst, damit ich frei bin.
Kehrvers
Ehre sei Gott auf der Erde
in allen Straßen und Häusern,
die Menschen werden singen,
bis das Lied zum Himmel steigt.
Ehre sei Gott und den Menschen Frieden,
Ehre sei Gott und den Menschen Frieden,
Frieden auf Erden.

2. Ich lobe meinen Gott, der mir den neuen Weg weist, damit ich
handle. Ich lobe meinen Gott, der mir mein Schweigen bricht, damit
ich rede.
(Kehrvers)

3. Ich lobe meinen Gott, der meine Tränen trocknet, dass ich lache.
Ich lobe meinen Gott, der meine Angst vertreibt, damit ich atme.
(Kehrvers)
(Text: Hans-Jürgen Netz 1979 © tvd-Verlag)

2. Sehnsucht

Psalm 90, 1
Herr Gott, du bist unsre Zuflucht für und für. Ehe denn die Berge und
die Erde und die Welt geschaffen wurden, bist du Gott von Ewigkeit zu
Ewigkeit.

Die Sehnsucht nach Geborgenheit ist menschlich.
"Du hast uns zu dir hin erschaffen, o Herr, und unruhig ist unser Herz,
bis es Ruhe findet, o Gott, in dir", schreibt Augustin im 1. Buch seiner
"Confessiones" (Bekenntnisse) am Ende des 4. Jahrhunderts.
Die Suche nach der Stillung dieser unbestimmten Sehnsucht wird
durch die Erkenntnis ausgelöst, dass wir sterblich sind. Der Mensch
ist das einzige Lebewesen, das weiß, dass es sterben wird. Das lässt
ihn nach einer letzten Geborgenheit suchen. Das macht ihn
„unruhig", „bis er in Gott Ruhe findet".

Der katholische Priester und Dichter Andreas Knapp hat dafür
eigene, zeitgenössische Worte gefunden:

verwurzelt im licht

wir
die stets unsteten
ausgewurzelte bäume
wind und wetter
wehen uns ins bodenlose

von uns selbst
vor uns hergetrieben
streifen wir ohne sitzfleisch
durch unsre wohnzimmer
ruhelose nomaden
kein fundament
kann uns halten

bleibe finden wir
einzig und allein
in jener Sehnsucht
mit den wurzeln nach oben himmelwärts
(Andreas Knapp,/ Aus: Beim Anblick eines Grashalms- Naturgedichte
2. Auflage 2019 S. 80 © Echter Verlag)

Die Namen für Gott mögen sich unterscheiden. Aber alle Menschen tragen eine Sehnsucht nach diesem „Unbekannten" in sich, das die Bibel Gott nennt.
Auch das bach´sche Weihnachtsoratoriums gibt in seinem Schlusschoral dem Zufluchtsort den Namen: „Gott".

„Bei Gott hat seine Stelle das menschliche Geschlecht."
(Johann Sebastian Bach Weihnachtsoratorium BWV 248/VI)

2.1.

EG 400   **Ich will dich lieben, meine Stärke**
W+ 116   **Da wohnt ein Sehnen tief in uns**
EG.E. 24
In diesem Lied schüttet der Mystiker Johannes Scheffler (1624-1677) auch Angelus Silesius genannt, ein ganzes Füllhorn an Namen Gottes aus:

Meine Stärke- meine Zier- mein schönstes Licht- mein allerliebster Freund- mein Bräutigam- mein höchstes Gut- meine wahre Ruh- die wahre Sonn-, die Himmelswonne- du starker Himmelsglanz- du schönstes Licht.

Das ist die Sprache von Verliebten. Ein kleines Experiment offenbart, wie nahe hier Menschenliebe und Gottesliebe beieinanderliegen: Setzen Sie statt „Stärke" einen Namen ein - z. B. „meine "Anna" oder „mein Elias" - und die erste Strophe geht als Liebeserklärung für eine Angebetete oder einen Angebeteten durch. Der Satz „Bis mir das Herze bricht" ähnelt auch noch der Trauformel: „Bis dass der Tod uns scheidet." Das mag dem modernen Menschen fast peinlich sein. Aber zu glauben, war für den Dichter kein blutleeres Für-Wahr-Halten. Glaube erfasst für ihn den ganzen Menschen mit all seinen Gefühlen.

W+ 116   **Da wohnt ein Sehnen tief in uns**
EG.E. 24

Dieses Lied ist k e i n Liebeslied. Es ist ein zeitgenössisches Bittgebet aus dem Gefühl heraus, allein gelassen zu sein mit der „Angst", mit der „Ohnmacht", mit dem „Durst" nach dem, was dem Leben Halt geben könnte. Wir sehnen uns zwar nach Gott, aber er ist abwesend. Jede Strophe endet mit der Bitte:
„Sei da, sei uns nahe Gott."

(Kehrvers)
Da wohnt ein Sehnen tief in uns, o Gott,
nach dir, dich zu sehn, dir nah zu sein.
Es ist ein Sehnen, ist ein Durst nach Glück,
nach Liebe, wie nur du sie gibst.

1. Um Frieden, um Freiheit, um Hoffnung bitten wir.
In Sorge, im Schmerz – sei da, sei uns nahe, Gott.
(Kehrvers)
Da wohnt ein Sehnen tief in uns, o Gott,
nach dir, dich zu sehn, dir nah zu sein.
Es ist ein Sehnen, ist ein Durst nach Glück,
nach Liebe, wie nur du sie gibst.
2. Um Einsicht, Beherztheit, um Beistand bitten wir.
In Ohnmacht, in Furcht – sei da, sei uns nahe, Gott.
(Kehrvers)
Da wohnt ein Sehnen tief in uns, o Gott,
nach dir, dich zu sehn, dir nah zu sein.
Es ist ein Sehnen, ist ein Durst nach Glück,
nach Liebe, wie nur du sie gibst.
3. Um Heilung, um Ganzsein, um Zukunft bitten wir.
In Krankheit, im Tod – sei da, sei uns nahe, Gott.

(Kehrvers)
Da wohnt ein Sehnen tief in uns, o Gott,
nach dir, dich zu sehn, dir nah zu sein.
Es ist ein Sehnen, ist ein Durst nach Glück,
nach Liebe, wie nur du sie gibst.
4. Dass du, Gott, das Sehnen, den Durst stillst, bitten wir.
Wir hoffen auf dich – sei da, sei uns nahe, Gott.
(Kehrvers)
Da wohnt ein Sehnen tief in uns, o Gott,
nach dir, dich zu sehn, dir nah zu sein.
Es ist ein Sehnen, ist ein Durst nach Glück,
nach Liebe, wie nur du sie gibst.
(dt. Text: Eugen Eckert © 1992 OCP Publications / Small Stone Media Germany GmbH)

Ich habe das Lied u.a. in zwei Gottesdiensten erlebt, die mir in bleibender Erinnerung sind. Ich habe damals begriffen, dass dieses Lied eine wichtige Lücke füllt.

Der eine war ein Gefängnisgottesdienst zum ersten Advent, den wir mit Studierenden des Tübinger Stifts vorbereitet und unter besonderen Sicherheitsvorkehrungen auf dem Hohenasperg gefeiert haben.

Der andere ein katholischer Trauergottesdienst für eine Jugendliche, die sich mit 17 Jahren das Leben genommen hatte. Es wurde zum Lied für die ratlos Zurückbleibenden: *Sei da, sei uns nahe Gott!* Die Melodiepausen zwischen den Worten in den Strophen sind Zeichen des Stammelns, des Ringens nach Worten, Die alte, melodische Seufzerfigur löst sich aber nicht, wie sonst üblich, in einer Sekunde nach unten auf, sondern weicht nach oben aus und erzeugt dadurch eine erwartungsvolle Spannung.

2.2.

EG 83	**Ein Lämmlein geht und trägt die Schuld**
EG 427	**Solang es Menschen gibt auf Erden**
GL 425	

EG 83 — Ein Lämmlein geht und trägt die Schuld

Das Bild vom Opferlamm ist uns fremd. Wir wissen zwar noch, dass man manchmal für ein erstrebtes Ziel „Opfer" bringen muss. Wir sprechen von „Unfallopfern". Im Gottesdienst werden „Opfer für bestimmte Zwecke" eingesammelt. Aber was soll ein Opferlamm sein? Gehalten hat sich noch die Redensart „das Unschuldslamm spielen", wenn jemand wider besseres Wissen jede Schuld abstreitet.

Aber warum wird der gemarterte Jesus mit einem „Lämmlein"
verglichen, das die Sünde der Welt trägt? Buch zu. Das Lied ist
abgehakt. Oder will ich zum theologischen Weitsprung ansetzen?
Dann nehme ich mir etwas mehr Zeit und forsche nach:
Die Metapher vom „Opferlamm" geht auf das Bild vom Lamm, das
„zur Schlachtbank geführt wird", zurück. Das Bild stammt aus dem
„Trostreichen 53. Kapitel des Propheten Jesaja". Mit diesem Titel
versah Melchior Franck (1579-1639) seine Motette zu diesem Text:

Fürwahr, er trug unsre Krankheit und lud auf sich unsre Schmerzen.
Wir aber hielten ihn für den, der geplagt und von Gott geschlagen und
gemartert wäre. Aber er ist um unsrer Missetat willen verwundet und
um unsrer Sünde willen zerschlagen. Die Strafe liegt auf ihm, auf dass
wir Frieden hätten, und durch seine Wunden sind wir geheilt. Wir
gingen alle in die Irre wie Schafe, ein jeder sah auf seinen Weg. Aber
der HERR warf unser aller Sünde auf ihn. Als er gemartert ward, litt er
doch willig und tat seinen Mund nicht auf wie ein Lamm, das zur
Schlachtbank geführt wird; und wie ein Schaf, das verstummt vor
seinem Scherer, tat er seinen Mund nicht auf. (Jes.53, 4-7)

Das Opferlamm spielt beim jüdischen Passahfest als Erinnerung an
die Befreiung des Volkes Israel aus der ägyptischen Sklaverei eine
zentrale Rolle. Erst nach der zehnten Plage ließ der Pharao das Volk
endlich ziehen. Gott hatte alle erstgeborenen Söhne sterben lassen,
auch den Erstgeborenen des Pharao. An den Häusern der Kinder
Israels aber ging der Todesengel vorüber, weil sie die Türpfosten
ihrer Häuser mit dem Blut eines *Opferlammes* bestrichen hatten.
Zum Ritus des Passahfestes gehört seither der Verzehr von frisch
geschlachtetem Lammfleisch. Dieses hohe jüdische Fest war der
Grund, weshalb Jesus nach Jerusalem wanderte, wo ihn die Leute
triumphal empfingen. Er wollte das Fest mit seinen Jüngern in der
Tempelstadt feiern. Das wurde ihm zum Verhängnis. Nun hatten
seine Feinde leichtes Spiel, ihn in aller Öffentlichkeit als Scharlatan
zu entlarven. Als Einen, der sich als König bezeichnet, aber keine
Truppen hat. Als Einen, der als angeblicher Sohn Gottes von seinen
Anhängern zwar frenetisch gefeiert wird, aber wenn´s darauf
ankommt, von allen verlassen wird. Einer, der nicht vom Kreuz
herabsteigt, sondern den Tod als Gotteslästerer und Verbrecher
erleiden muss. Erst nach dem Schock von Golgatha dämmerte
seinen Anhängern, was Jesus gemeint hat, als er beim letzten
Passahmahl mit seinen Jüngern am Tag vor seiner Kreuzigung zu
ihnen sagte: „Das ist mein Leib, das ist mein Blut". Sie begriffen:
Unser Meister ist selbst zum Passahlamm geworden, das für alle

Welt den Todesengel abwendet. Jesus ist durch die Hingabe seines Lebens aus dem Kreislauf von Gewalt und Gegengewalt ausgebrochen. Er zeigt uns den „Aufstand" der Liebe als Ausweg aus unserem Denken in Machtstrukturen, er, der uns im Vaterunser gelehrt hat zu beten: *„Dein Wille geschehe!"* und der am Kreuz sterbend rief:

„In deine Hände befehle ich meinen Geist."

Der theologische Anlauf, den man nehmen muss, um das Lied von Paul Gerhardt zu verstehen, ist für Viele zu lang. Wer aber durchhält, wird in der 5. Strophe belohnt mit den wunderbaren Worten, mit denen der Dichter beschreibt, was ihm Jesus in allen Lebenslagen bedeutet:

*„Im Streit mein Schutz, in Traurigkeit mein Lachen, in Fröhlichkeit mein Saitenspiel, im Durst mein Wasserquell, **in Einsamkeit mein Sprachgesell".***

1. Ein Lämmlein geht und trägt die Schuld
der Welt und ihrer Kinder;
es geht und büßet in Geduld
die Sünden aller Sünder;
es geht dahin, wird matt und krank,
ergibt sich auf die Würgebank,
entsaget allen Freuden,
es nimmet an Schmach, Hohn und Spott,
Angst, Wunden, Striemen, Kreuz und Tod
und spricht: »Ich will's gern leiden.« (Jes 53,4-7)

2. Das Lämmlein ist der große Freund
und Heiland meiner Seelen;
den, den hat Gott zum Sündenfeind
und Sühner wollen wählen:
»Geh hin, mein Kind, und nimm dich an
der Kinder, die ich ausgetan
zur Straf und Zornesruten;
die Straf ist schwer, der Zorn ist groß,
du kannst und sollst sie machen los
durch Sterben und durch Bluten.«

3. »Ja, Vater, ja von Herzensgrund,
leg auf, ich will dir's tragen;
mein Wollen hängt an deinem Mund,
mein Wirken ist dein Sagen.«
O Wunderlieb, o Liebesmacht,

du kannst – was nie kein Mensch gedacht -
Gott seinen Sohn abzwingen.
O Liebe, Liebe, du bist stark,
du streckest den in Grab und Sarg,
vor dem die Felsen springen.

4. Mein Lebetage will ich dich
aus meinem Sinn nicht lassen,
dich will ich stets, gleich wie du mich,
mit Liebesarmen fassen.
Du sollst sein meines Herzens Licht,
und wenn mein Herz in Stücke bricht,
sollst du mein Herze bleiben;
ich will mich dir, mein höchster Ruhm,
hiermit zu deinem Eigentum
beständiglich verschreiben.

5. Ich will von deiner Lieblichkeit
bei Nacht und Tage singen,
mich selbst auch dir nach Möglichkeit
zum Freudenopfer bringen.
Mein Bach des Lebens soll sich dir
und deinem Namen für und für
in Dankbarkeit ergießen;
und was du mir zugut getan,
das will ich stets, so tief ich kann,
in mein Gedächtnis schließen.

6. Das soll und will ich mir zunutz
zu allen Zeiten machen;
im Streite soll es sein mein Schutz,
in Traurigkeit mein Lachen,
in Fröhlichkeit mein Saitenspiel;
und wenn mir nichts mehr schmecken will,
soll mich dies Manna speisen;
im Durst soll's sein mein Wasserquell,
in Einsamkeit mein Sprachgesell
zu Haus und auch auf Reisen.

7. Wenn endlich ich soll treten ein
in deines Reiches Freuden,
so soll dein Blut mein Purpur sein,
ich will mich darein kleiden;

es soll sein meines Hauptes Kron,
in welcher ich will vor den Thron
des höchsten Vaters gehen
und dir, dem er mich anvertraut,
als eine wohlgeschmückte Braut
an deiner Seite stehen.

(Text: Paul Gerhardt 1647)

EG 427/ GL 425 Solang es Menschen gibt auf Erden

Für Jesus wohnt Gott nicht irgendwo in einem fernen Himmel, er ist
mitten unter uns. Jesus spricht ihn an mit *„Abba, lieber Vater".*
„Abba" ist im Hebräischen der Kosename für den Vater: „Papa".
Dieses Lied verkündet einen Gott, dem wir alles Leben verdanken,
und dessen *„Wort zum Frieden ruft". „Er holt die Welt aus ihrem Tod"*
und *„seine Liebe lässt uns leben".* In Gottes Nähe werden wir zu
Verwandten Gottes:
Du, Vater, bist in unsrer Mitte, machst deinem Wesen uns verwandt.

Die dritte Strophe erinnert an die Jesusworte aus Matthäus 6, 26. 28:
*„Sehet die Vögel unter dem Himmel an: sie säen nicht, sie ernten nicht,
sie sammeln nicht in die Scheunen; und euer himmlischer Vater nährt
sie doch. Warum sorget ihr für die Kleidung? Schaut die Lilien auf
dem Felde, wie sie wachsen: sie arbeiten nicht, auch spinnen sie nicht.*

Der Rhythmus der Melodie macht aus den jambischen Vierhebern
der vier Verszeilen, die abwechselnd unbetont oder betont enden,
ein Changieren zwischen geradem und ungeradem Takt.
Das belebt die Melodie und erzeugt Spannung.

*1. Solang es Menschen gibt auf Erden,
solang die Erde Früchte trägt,
solang bist du uns allen Vater,
wir danken dir für das, was lebt.*

*2. Solang die Menschen Worte sprechen,
solang dein Wort zum Frieden ruft,
solang hast du uns nicht verlassen.
In Jesu Namen danken wir.*

*3. Du nährst die Vögel in den Bäumen.
Du schmückst die Blumen auf dem Feld.
Du machst ein Ende meinem Sorgen,
hast alle Tage schon bedacht.*

4. Du bist das Licht, schenkst uns das Leben,
du holst die Welt aus ihrem Tod,
gibst deinen Sohn in unsre Hände,
er ist das Brot, das uns vereint.

5. Darum muss jeder zu dir rufen,
den deine Liebe leben lässt:
Du, Vater, bist in unsrer Mitte,
machst deinem Wesen uns verwandt.
(Text: Dieter Trautwein 1966/1972 aus dem Niederländischen © Strube Verlag, München)

2.3.

EG 376　　　　　**So nimm denn meine Hände**
EG 209　　　　　**Ich möcht', dass einer mit mir geht**

EG 376　　　　　**So nimm denn meine Hände**
Gott ist kein ferner Schöpfer, kein Denkprinzip, über das sich aus
der Distanz trefflich diskutieren lässt, sondern er wird im Lied von
Julie Hausmann als Person vorgestellt, zu der ich eine
vertrauensvolle und freundschaftliche Beziehung aufbauen kann.
Julie Hausmann (1826-1901), ab 1870 Musiklehrerin in
St. Petersburg, wünscht sich, ein als „Du" angesprochenes
Gegenüber möge sie an die Hand nehmen und wie ein Kind durch
das Leben führen: „Ich mag allein nicht gehen nicht einen Schritt".
Ob Gott oder Jesus oder beide gemeint sind, bleibt offen. Um dieses
kindliche Vertrauen bittet sie auch dann, wenn „ich nichts fühle von
deiner Macht". Gott und Jesus mögen sie bis zum Ziel führen, „auch
in der Nacht".

1. So nimm denn meine Hände
und führe mich
bis an mein selig Ende
und ewiglich.
Ich mag allein nicht gehen,
nicht einen Schritt:
wo du wirst gehn und stehen,
da nimm mich mit.

2. In dein Erbarmen hülle
mein schwaches Herz
und mach es gänzlich stille
in Freud und Schmerz.
Lass ruhn zu deinen Füßen

dein armes Kind:
Es will die Augen schließen
und glauben blind.

3. Wenn ich auch gleich nichts fühle
von deiner Macht,
du führst mich doch zum Ziele
auch durch die Nacht:
So nimm denn meine Hände
und führe mich
bis an mein selig Ende
und ewiglich!
(Julie Hausmann 1862 Melodie: Friedrich Silcher 1842)

EG 209   **Ich möcht´, dass einer mit mir geht**
Von der Sehnsucht, auf dem eigenen Lebensweg nicht allein zu sein,
ist auch dieses Lied erfüllt. Das „Ich" sucht jemanden, der mit ihm
geht „zu allen Zeiten". Wer das sein könnte, bleibt zunächst
unbeantwortet. In der vierten Strophe bekommt dieser Jemand
einen Namen: „Sie nennen ihn den Herren Christ". Mit ihm will er
einen Versuch machen: *„Ich möcht´, dass er auch mit mir geht."*

1. Ich möcht', dass einer mit mir geht,
der's Leben kennt, der mich versteht,
der mich zu allen Zeiten kann geleiten.
Ich möcht', dass einer mit mir geht.

2. Ich wart', dass einer mit mir geht,
der auch im Schweren zu mir steht,
der in den dunklen Stunden mir verbunden.
Ich wart', dass einer mit mir geht.

3. Es heißt, dass einer mit mir geht,
der's Leben kennt, der mich versteht,
der mich zu allen Zeiten kann geleiten.
Es heißt, dass einer mit mir geht.

4. Sie nennen ihn den Herren Christ,
der durch den Tod gegangen ist;
er will durch Leid und Freuden mich geleiten.
Ich möcht', dass er auch mit mir geht.
(Text und Musik: Hans Köbler 1964
© Gustav Bosse Verlag/ Bärenreiter Verlag Karl Vötterle GmbH & Co. KG, Kassel)

In unserer Gesellschaft rückt neuerdings die Einsamkeit vieler
Menschen stärker ins Blickfeld. Soziale Isolation wird auch politisch
als ein Problem der Gesundheit wahrgenommen.
Das Lied spricht diese Sehnsucht nach einem "Menschen, der mit
mir geht", in einfachen Worten an. Der Weg zu Christus führt über
eine Gemeinschaft von Menschen, die dem Einsamen Mut macht
und ihn einen Weg aus seiner Isolation finden lässt.

2.4.
EG Wü 547   Menschen gehen zu Gott in ihrer Not
W+ 181
EG.E.2

Dietrich Bonhoeffer ist mit diesem Gedicht eine poetische
Verdichtung der Theologie des 20. Jahrhunderts gelungen,
vergleichbar mit Luthers reformatorischem Kernlied
„Nun freut euch, lieben Christen g´mein".
Es geht um unsere Beziehung zu Gott.

Strophe 1: „*Menschen gehen zu Gott in ihrer Not*"
Strophe 2: „*Menschen gehen zu Gott in seiner Not*"
Strophe 3: „*Gott geht zu allen Menschen in ihrer Not*"

Weil jede Strophe eine andere Art der Gottesbeziehung beschreibt,
will ich jeder Strophe des Liedes von Dietrich Bonhoeffer ein Lied
aus der Tradition gegenüberstellen, das denselben Gedanken
verfolgt:

1. Strophe
EG Wü 547   Menschen gehen zu Gott in ihrer Not
W+ 181
EG.E. 2

1. Menschen gehen zu Gott in ihrer Not,
flehen um Hilfe, bitten um Glück und Brot,
um Errettung aus Krankheit, Schuld und Tod.
So tun sie alle, alle, Christen und Heiden.

EG 366 Wenn wir in höchsten Nöten sein
Das folgende alte Lied tut das, was Bonhoeffer in der ersten Strophe
seines Liedes beschreibt: *Menschen gehen zu Gott in ihrer Not.*
Wir wenden uns an Gott, wenn wir „*in höchsten Nöten sind*" und
nicht aus noch ein wissen.

Und in Strophe 5:
Drum kommen wir, o Herre Gott, und klagen dir all unsre Not.

EG 366 Wenn wir in höchsten Nöten sein

1. Wenn wir in höchsten Nöten sein
und wissen nicht, wo aus noch ein,
und finden weder Hilf noch Rat,
ob wir gleich sorgen früh und spat,

2. so ist dies unser Trost allein,
dass wir zusammen insgemein
dich anrufen, o treuer Gott,
um Rettung aus der Angst und Not,

3. und heben unser Aug und Herz
zu dir in wahrer Reu und Schmerz
und flehen um Begnadigung
und aller Strafen Linderung,

4. die du verheißest gnädiglich
allen, die darum bitten dich
im Namen deins Sohns Jesu Christ,
der unser Heil und Fürsprech ist.

5. Drum kommen wir, o Herre Gott,
und klagen dir all unsre Not,
weil wir jetzt stehn verlassen gar
in großer Trübsal und Gefahr.

6. Sieh nicht an unsre Sünde groß,
sprich uns davon aus Gnaden los,
steh uns in unserm Elend bei,
mach uns von allen Plagen frei,

7. auf dass von Herzen können wir
nachmals mit Freuden danken dir,
gehorsam sein nach deinem Wort,
dich allzeit preisen hier und dort.
(Text: Paul Eber 1566 nach »In tenebris nostrae« von Joachim Camerarius um 1546)

EG Wü 547   Menschen gehen zu Gott in seiner Not
W+ 181   2. Strophe
EG.E.
EG 85   O Haupt voll Blut und Wunden

EG Wü 547   2. Strophe Menschen gehen zu Gott
Menschen gehen zu Gott in seiner Not,
finden ihn arm, geschmäht, ohne Obdach und Brot,
sehn ihn verschlungen von Sünde, Schwachheit und Tod.
Christen stehen bei Gott in seinen Leiden.

Die zweite Strophe berührt mich besonders.
Die Gottesbeziehung ist nach Bonhoeffer keine Einbahnstraße. Es
gibt auch die Gegenrichtung. Gott ist nicht nur der, der u n s hilft.
Auch w i r können Gott in seinem Leiden in der Welt beistehen.
Nach den furchtbaren, persönlichen Erfahrungen Bonhoeffers mit
der Gewaltherrschaft des Nationalsozialismus und der
Judenvernichtung war ihm der Satz „Menschen gehen zu Gott in
seiner Not" besonders wichtig, obwohl uns dieser Gedanke ferner
liegt. Weshalb sollte der allmächtige Gott die Hilfe der Menschen
brauchen? Eine seltsame Richtungsänderung. Nicht Gott kommt
dem Menschen zu Hilfe, sondern umgekehrt: Der Mensch kommt
Gott zu Hilfe? Der Gedanke ist im Matthäusevangelium vorgebildet:

„Da wird dann der König sagen zu denen zu seiner Rechten: Kommt
her, ihr Gesegneten meines Vaters, ererbt das Reich, das euch bereitet
ist von Anbeginn der Welt! 35 Denn ich bin hungrig gewesen und ihr
habt mir zu essen gegeben. Ich bin durstig gewesen und ihr habt mir
zu trinken gegeben. Ich bin ein Fremder gewesen und ihr habt mich
aufgenommen. 36 Ich bin nackt gewesen und ihr habt mich gekleidet.
Ich bin krank gewesen und ihr habt mich besucht. Ich bin im
Gefängnis gewesen und ihr seid zu mir gekommen. 37 Dann werden
ihm die Gerechten antworten und sagen: Herr, wann haben wir dich
hungrig gesehen und haben dir zu essen gegeben? Oder durstig und
haben dir zu trinken gegeben? 38 Wann haben wir dich als Fremden
gesehen und haben dich aufgenommen? Oder nackt und haben dich
gekleidet? 39 Wann haben wir dich krank oder im Gefängnis gesehen
und sind zu dir gekommen? 40 Und der König wird antworten und zu
ihnen sagen: **Wahrlich, ich sage euch: Was ihr getan habt einem**
von diesen meinen geringsten Brüdern, das habt ihr mir
getan. *"* (Matth. 25, 31-40).

Der allmächtige Gott ist also nicht nur Zuflucht des Menschen in der Not, sondern er ist selbst hilfsbedürftig. Denn er begegnet uns in Gestalt von hungernden, unbehausten, armen, notleidenden Menschen und Gewaltopfern. Wenn wir uns ihrer annehmen, *„gehen wir zu Gott in seiner Not"*.

Das emphatische Mitleiden, die „compassio", ist auch in barocken Liedern ein Thema, z. B. im folgenden Paul-Gerhardt-Lied:

EG 85   **O Haupt voll Blut und Wunden**
GL 289

„Menschen gehen zu Gott in seiner Not", einen ähnlichen Gedanken finden wir in der Strophe „Ich will hier bei dir stehen" aus seinem Passionslied „O Haupt voll Blut und Wunden" wieder. Der leidende Mensch am Kreuz steht hier für alle leidenden Menschen, denen wir beistehen.

6. Ich will hier bei dir stehen,
verachte mich doch nicht;
von dir will ich nicht gehen,
wenn dir dein Herze bricht;
wenn dein Haupt wird erblassen
im letzten Todesstoß,
alsdann will ich dich fassen
in meinen Arm und Schoß.

EG Wü 547   **Gott geht zu allen Menschen in ihrer Not**
W+ 181   **Strophe 3**
EG.E.2
EG 9   **Nun jauchzet, all ihr Frommen**

3. Strophe   **Gott geht zu allen Menschen in ihrer Not:**
In den Strophen eins und zwei gehen Menschen zu Gott.
In der 3. Strophe geht Gott zu den Menschen. Jetzt sagt **Gott** zu mir:
„Ich will hier bei dir stehen, verachte mich doch nicht".

3. Gott geht zu allen Menschen in ihrer Not,
sättigt den Leib und die Seele mit seinem Brot,
stirbt für Christen und Heiden den Kreuzestod,
und vergibt ihnen beiden.
(Text: Dietrich Bonhoeffer 1944 Melodie: Dieter Schnebel)

Gott geht zu a l l e n Menschen in ihrer Not, jenseits von Nationalität, Hautfarbe, Weltanschauung und Religion.
Liebe und Vergebung sind Gottes Erkennungszeichen.

Nach Bonhoeffer hat nicht nur der Mensch Sehnsucht nach Gott, sondern auch Gott sehnt sich nach dem Menschen, weil er seine Geschöpfe liebt.

EG 9   Nun jauchzet, all ihr Frommen

Gott kommt zu allen Menschen in ihrer Not, davon singen auch viele Adventslieder. In diesem Lied ist die Erwartung der Ankunft Jesu der Anlass zu jauchzen. Allerdings reitet Jesus nicht hoch zu Ross, sondern er kommt *„zu uns geritten auf einem Eselein".* Das Bild vom Einzug Jesu in Jerusalem wird zur Metapher für einen Gott, der als „Antikönig" zu uns kommt, „kein Zepter, keine Krone sucht er auf dieser Welt". Er ist ein König, der sich um die „Armen und Elenden" kümmert, und die Mächtigen verunsichert:

1. Nun jauchzet, all ihr Frommen,
zu dieser Gnadenzeit,
weil unser Heil ist kommen,
der Herr der Herrlichkeit,
zwar ohne stolze Pracht,
doch mächtig, zu verheeren
und gänzlich zu zerstören
des Teufels Reich und Macht.

2. Er kommt zu uns geritten
auf einem Eselein
und stellt sich in die Mitten
für uns zum Opfer ein.
Er bringt kein zeitlich Gut,
er will allein erwerben
durch seinen Tod und Sterben,
was ewig währen tut.

3. Kein Zepter, keine Krone
sucht er auf dieser Welt;
im hohen Himmelsthrone
ist ihm sein Reich bestellt.
Er will hier seine Macht
und Majestät verhüllen,
bis er des Vaters Willen
im Leiden hat vollbracht.

4. Ihr Mächtigen auf Erden,
nehmt diesen König an,

wollt ihr beraten werden
und gehn die rechte Bahn,
die zu dem Himmel führt;
sonst, wo ihr ihn verachtet
und nur nach Hoheit trachtet,
des Höchsten Zorn euch rührt.

5. Ihr Armen und Elenden
zu dieser bösen Zeit,
die ihr an allen Enden
müsst haben Angst und Leid,
seid dennoch wohlgemut,
lasst eure Lieder klingen,
dem König Lob zu singen,
der ist eu'r höchstes Gut.

6. Er wird nun bald erscheinen
in seiner Herrlichkeit
und all eu'r Klag und Weinen
verwandeln ganz in Freud.
Er ist's, der helfen kann;
halt' eure Lampen fertig
und seid stets sein gewärtig,
er ist schon auf der Bahn.
(Text: Michael Schirmer 1640 Melodie: 16. Jhd.)

3. Land in Sicht

Psalm 65, 6
Erhöre uns nach der wunderbaren Gerechtigkeit, Gott, unser Heil, der
du bist Zuversicht aller auf Erden und ferne am Meer".

Wenn der Matrose hoch oben aus dem Mastkorb des Segelschiffs
schrie: „Land in Sicht", atmete der Kapitän und die Mannschaft auf.
Stürme, Wellengang, Seekrankheit, die Gefahr von Piraten
angegriffen zu werden, alles war überstanden. Bald würde man
wieder festen Boden unter den Füßen haben. Die Küste war nicht
mehr weit. In den folgenden Liedern wird die Seefahrt zur einprägsamen Metapher für die Beziehung zwischen Mensch und Gott.

3.1.

EG 8   **Es kommt ein Schiff geladen**
GL 236
EG Wü 627   **Ich werfe meinen Fragen hinüber**

EG 8   **Es kommt ein Schiff geladen**

Auf dem Wandbord zuhause steht ein Transparent. Darauf ist ein kleines Segelschiff abgebildet. Im Boot sitzt Maria und trägt, eingehüllt in ihren großen Mantel, das Christkind auf dem Arm. Dahinter flackert eine Kerze und lässt das Schiff auf dem blauen Wasser leicht schaukelnd erscheinen. Auf dem schwarzen Rahmen steht mit weißem Stift geschrieben:
„Es kommt ein Schiff geladen".
Dieses Transparent aus meiner Kinderzeit besitze ich immer noch. Es gehört für mich zum Advent. Als kleines Kind war mir vollkommen klar: Dieses Schiff mit Maria und dem Christkind hat auch meine heiß ersehnten Geschenke an Bord. Jedes Mal wuchs die Vorfreude auf Weihnachten, wenn wir sangen: *Da ist das Schiff am Land.* Die Liebe war zwar irgendwie mit an Bord. Von ihr ist auch die Rede: *Das Segel ist die Liebe.* Aber über solchen Sätzen stand für mich als Kind: „Eintritt nur für Erwachsene". Denn wäre an Weihnachten auf meine Frage an meine Tante „Was hast du mir mitgebracht" nur die Antwort erfolgt: „Meine Liebe", wäre die Enttäuschung groß gewesen. Ich hätte gedacht:
„Da hat die Tante aber eine tolle Ausrede! Liebe bringt mir nichts. Die kostet ja nichts. Ein teurer Ballonroller wäre ein echter Liebesbeweis gewesen. Chance verpasst!"
Dass Liebe ein unbezahlbares Geschenk ist, das man nicht im Laden kaufen kann, diese Einsicht wäre für mich damals zu viel verlangt gewesen. Heute weiß ich: Liebe kann den höchsten denkbaren Preis kosten: Das eigene Leben. Dieser hohe Preis wird in diesem Lied nicht verschwiegen. Jesus hat ihn bezahlt. Das Schiff trägt eine „teure Last". Wer dieses Kind liebt, das Maria auf dem Arm trägt, *„muss vorher mit ihm leiden groß Pein und Marter viel".*
Das Lied gehört zum ältesten Liedgut in deutscher Sprache und geht im Kern wohl auf den Mystiker Johannes Tauler (geboren um 1300 in Straßburg, gestorben 1361) zurück. Es hat viele Verwandlungen durchgemacht bis zur Fassung von Daniel Sudermann von 1626. Im Mittelpunkt stand aber immer das Bild vom Schiff, das den "Sohn" trägt und von der Liebe und dem heiligen Geist in Bewegung versetzt wird.

Die Melodie hat eine Besonderheit: Den Taktwechsel in der Mitte. Das Lied beginnt im schaukelnden, ungeraden Dreiertakt und geht ab der dritten Zeile („trägt Gottes Sohn voll Gnaden") in den geraden Takt über. Eine halbe Note dauert jetzt so lang wie zuvor eine punktierte Halbe. Das Tempo wird ruhiger, die Worte werden langsamer deklamiert.

Diese Schnittstelle von der zweiten zur dritten Gedichtzeile wird auf diese Weise in allen Strophen besonders hervorgehoben.

1. Es kommt ein Schiff, geladen
bis an sein' höchsten Bord,
trägt Gottes Sohn voll Gnaden,
des Vaters ewigs Wort.

2. Das Schiff geht still im Triebe,
es trägt ein teure Last;
das Segel ist die Liebe,
der Heilig Geist der Mast.

3. Der Anker haft' auf Erden,
da ist das Schiff am Land.
Das Wort will Fleisch uns werden,
der Sohn ist uns gesandt.

4. Zu Bethlehem geboren
im Stall ein Kindelein,
gibt sich für uns verloren;
gelobet muss es sein.

5. Und wer dies Kind mit Freuden
umfangen, küssen will,
muss vorher mit ihm leiden
groß Pein und Marter viel,

6. danach mit ihm auch sterben
und geistlich auferstehn,
das ewig Leben erben,
wie an ihm ist geschehn.
(Text: Daniel Sudermann um 1626 nach einem Marienlied aus Straßburg 15. Jhd.)

EG Wü 627   Ich werfe meinen Fragen hinüber

In dem Schiff, von dem im folgenden Lied die Rede ist, sitzt nicht das „Christkind". In diesem Schiff sitze i c h. Mit an Bord sind keine Geschenke, sondern meine Fragen, meine Bitten, meine Ängste aber auch mein Dank. Das alles kann ich *wie ein Tau ans Land werfen* in der Hoffnung, dass da **vielleicht** einer ist, der danach greift und mein Schiff an Land zieht.

Dieses Auswerfen eines Taues erinnert an die Geschichte vom Fischzug des Petrus. Hier ist es kein Tau, sondern ein Fischernetz, das ausgeworfen wird. Das Netz der Jünger war die ganze Nacht leer geblieben, aber auf Jesu Wort hin versucht Petrus es ein letztes Mal. Vielleicht geschieht doch noch ein Wunder. Am Ende ist das Netz übervoll.

Jesus sprach zu Simon: Fahre hinaus, wo es tief ist, und werft eure Netze zum Fang aus! ⁵Und Simon antwortete und sprach: Meister, wir haben die ganze Nacht gearbeitet und nichts gefangen; aber auf dein Wort hin will ich die Netze auswerfen. ⁶Und als sie das taten, fingen sie eine große Menge Fische und ihre Netze begannen zu reißen. ⁷Und sie winkten ihren Gefährten, die im andern Boot waren, sie sollten kommen und ihnen ziehen helfen. (Lukas 5, 4-6)

In der Geschichte des Lukasevangeliums wird aus dem „vielleicht" Gewissheit. Das Lied von Ulrich Fick aus dem Jahr 1974 lässt das *vielleicht* erst einmal stehen. Es verspricht nur: *„Wenn Gott es ist, dann hält er mich mit meinen Fragen fest,* auch mit den Fragen nach dem Ungereimten in meinem Leben, *mit meinen Bitten,* auch den unerfüllbaren, *mit meinen Ängsten,* auch denen, die nicht verschwinden wollen. Erst in der letzten Strophe kommt der Dank an die Reihe. Die Hoffnung hat nicht getrogen. Es bleibt nicht bei der vagen Aussicht: „Vielleicht ist einer da und greift herüber". Das "Vielleicht" verschwindet. Am Ende mündet das Lied in den Satz: *Denn du bist da und greifst zu mir herüber.* Zwischen dem *"Vielleicht ist einer da"* und der Zuversicht *"Denn du bist da und greifst zu mir herüber"* liegt oft eine lange Lebensstrecke mit vielen Erfahrungen. *Denn du bist da und greifst zu mir herüber. Denn du bist da, bist da und nimmst mich an der Hand. Weil Gott es ist, der all mein Danken auffängt und nicht lässt, weil Gott es ist, hält er auch mich mit meinem Danken fest.*

Weil die Verszeilen eine wechselnde Silbenzahl aufweisen, hat keine Zeile genau dieselbe Rhythmik. Die ersten drei Liedzeilen beginnen mit einer affektgeladenen Sexte auf die Worte „werfen" und „vielleicht".

*1. Ich werfe meine Fragen hinüber
wie ein Tau von einem Schiff ans Land.
Vielleicht ist einer da und greift herüber.*

Vielleicht, vielleicht nimmt einer mich an meiner Hand.
Wenn Gott es ist, der meine Fragen auffängt und nicht lässt,
wenn Gott es ist, dann hält er mich mit meinen Fragen fest.

2. Ich werfe meine Bitten hinüber
wie ein Tau von einem Schiff ans Land.
Vielleicht ist einer da und greift herüber.
Vielleicht, vielleicht nimmt einer mich an meiner Hand.
Wenn Gott es ist, der meine Bitten auffängt und nicht lässt,
wenn Gott es ist, dann hält er mich mit meinen Bitten fest.

3. Ich werfe meine Angst zu dir hinüber
wie ein Tau von einem Schiff ans Land.
Vielleicht bist du dann da und greifst herüber.
Vielleicht, vielleicht nimmst du mich dann an meiner Hand.
Wenn Gott es ist, der meine Ängste auffängt und nicht lässt,
wenn Gott es ist, dann hält er mich mit meinen Ängsten fest.

4. Ich werfe meinen Dank zu dir hinüber
wie ein Tau von einem Schiff ans Land.
Denn du bist da und greifst zu mir herüber.
Denn du bist da, bist da und nimmst mich an der Hand.
Weil Gott es ist, der all mein Danken auffängt und nicht lässt,
weil Gott es ist, hält er auch mich mit meinem Danken fest.

(Text: Ulrich Fick 1976 Melodie: Gerhard Kloft 1976
© Medienhaus der Ev. Kirche in Hessen und Nassau)

4. Der Outdoor- Gott

Psalm 104, 24
Herr, wie sind deine Werke so groß und viel!
Du hast sie alle weise geordnet, und die Erde ist voll deiner Güter.

Viele Menschen suchen spirituelle Erfahrungen heute eher draußen
in der Natur als im Gottesdienst.
Paulus formuliert im ersten Kapitel des Römerbriefs im Vers 20:
„Gottes unsichtbares Wesen wird ersehen aus seinen Werken, wenn
man sie wahrnimmt".
Jesu Gleichnisse greifen oft auf poetische Bilder aus der Natur
zurück, die nicht veralten:
Das vierfache Ackerfeld, der Weinberg, die Lilien auf dem Feld, die
Vögel am Himmel, der Feigenbaum. Jesus fand als Wanderprediger
das Anschauungsmaterial für seine Gottesrede unterwegs, draußen
unter freiem Himmel. z. B.:

"Seht die Vögel unter dem Himmel an: sie säen nicht, sie ernten nicht,
sie sammeln nicht in die Scheunen; und euer himmlischer Vater
ernährt sie doch" (Matthäus 6, 26).
Die sichtbaren Vorgänge in der Natur werden transparent für das
Unsichtbare. Denn Gott ist der Schöpfer des Sichtbaren und des
Unsichtbaren: *Credo in factorem cæli et terræ, visibilium omnium et*
invisibilium (Nicänisches Glaubensbekenntnis, 325 n.Chr.).

Es war in den Sommerferien am herrlichen Nordsee-Sandstrand von
St. Peter Ording. Über der Brandung ging die Sonne unter.
Der Strand leerte sich, aber vereinzelt standen noch Menschen
stillschweigend da und versenkten sich in den Anblick. In solchen
Augenblicken ahnen wir etwas von Gott - in der Stille und ohne
Worte. (s. Coverbild: Strand von St. Peter Ording)

Die Schönheit der Natur wird auch den Dichtern Paul Gerhardt und
Shalom Ben Chorin zum Ort der Gottesbegegnung:

4.1.
EG 503   **Geh aus mein Herz**
EG Wü 655   **Freunde, dass der Mandelzweig**

EG 503 Geh aus, mein Herz
Ein Staunen zieht sich durch das Sommerlied von Paul Gerhardt
(1607-1676). Das Lied wurde 1653 zum ersten Mal gedruckt und ist
mit der Melodie von August Harder (1813) zu einem bekannten
Volkslied geworden. Es lohnt sich, in einer stillen Stunde einmal alle
fünfzehn Strophen dieses Liedes im Zusammenhang zu lesen, um zu
entdecken, wie Paul Gerhardt hier das „Sichtbare" mit dem
„Unsichtbaren" in Verbindung bringt. Am Beginn stehen lauter
Imperative:
„Geh aus, mein Herz, und suche Freud", das ist eine Aufforderung:
Geh´ hinaus in die Natur. Es kann aber auch heißen: Geh´ einmal
hinaus aus der Kirche, geh´ hinaus aus dem Gehäuse deiner Ängste
und Sorgen und dort draußen, in Gottes Schöpfung, im Freien *„suche*
Freud" und *„schau an der schönen Gärten Zier"*. Denn Gottes
wunderbares Wirken lässt sich an seinen Werken erkennen.
Als mein Sohn 11 Jahre alt war, stellte er mir einmal die Frage:
„Warum leben wir eigentlich, wenn wir doch sterben müssen?"
Und während ich in meiner Verlegenheit noch nach einer klugen
Antwort suchte, hatte er sie schon gefunden:
„Wahrscheinlich, damit man das alles einmal gesehen hat".

Genau das tut das Lied von Paul Gerhardt in den ersten 7 Strophen. Es zählt auf, was es draußen alles zu sehen gibt. Gott erscheint als Schöpfer der Wunder des Sichtbaren:

1. *Geh aus, mein Herz, und suche Freud*
in dieser lieben Sommerzeit
an deines Gottes Gaben;
schau an der schönen Gärten Zier
und siehe, wie sie mir und dir
sich ausgeschmücket haben.

2. *Die* **Bäume** *stehen voller Laub,*
das Erdreich decket seinen Staub
mit einem grünen Kleide;
Narzissus und die Tulipan,
die ziehen sich viel schöner an
als Salomonis Seide.

3. *Die* **Lerche** *schwingt sich in die Luft,*
das **Täublein** *fliegt aus seiner Kluft*
und macht sich in die Wälder;
die hoch begabte **Nachtigall**
ergötzt und füllt mit ihrem Schall
Berg, Hügel, Tal und Felder.

4. *Die* **Gluc**ke *führt ihr Völklein aus,*
der **Storch** *baut und bewohnt sein Haus,*
das **Schwälblein** *speist die Jungen,*
der schnelle Hirsch, das leichte Reh
ist froh und kommt aus seiner Höh
ins tiefe Gras gesprungen.

5. **Die Bächlein** *rauschen in dem Sand*
und malen sich an ihrem Rand
mit schattenreichen Myrten;
die Wiesen *liegen hart dabei*
und klingen ganz vom Lustgeschrei
der Schaf und ihrer Hirten.

6. *Die unverdrossne* **Bienenschar**
fliegt hin und her, sucht hier und da
ihr edle Honigspeise;
des süßen **Weinstocks** *starker Saft*

bringt täglich neue Stärk und Kraft
in seinem schwachen Reise.

7. **Der Weizen** *wächset mit Gewalt;*
darüber jauchzet Jung und Alt
und rühmt die große Güte
des, der so überfließend labt
und mit so manchem Gut begabt
das menschliche Gemüte.

Die 8. Strophe ist die Mitte des Liedes. Oft markiert bei Liedern mit
ungerader Strophenzahl die mittlere Strophe einen wichtigen
Wendepunkt. In dieser Strophe kommt das „Ich" ins Spiel. Vom
Gesehenen angesteckt wird der Sänger mitgerissen. Er stimmt in
den Gesang der Schöpfung ein: **Ich singe mit, wenn alles singt.**

8. *Ich selber kann und mag nicht ruhn,*
des großen Gottes großes Tun
erweckt mir alle Sinnen;
ich singe mit, wenn alles singt,
und lasse, was dem Höchsten klingt,
aus meinem Herzen rinnen.

Die **sichtbaren** Vorgänge in der Natur lassen für Paul Gerhardt
Rückschlüsse auf den "himmlischen Garten" zu, sie werden
transparent für das Unsichtbare.

9. *Ach, denk ich, bist du hier so schön*
und lässt du's uns so lieblich gehn
auf dieser armen Erden:
Was will doch wohl nach dieser Welt
dort in dem reichen Himmelszelt
und güldnen Schlosse werden.

10. *Welch hohe Lust, welch heller Schein*
wird wohl in Christi Garten sein!
Wie muss es da wohl klingen,
da so viel tausend Seraphim
mit unverdrossnem Mund und Stimm
ihr Halleluja singen.

11. *O wär ich da! O stünd ich schon,*
ach süßer Gott, vor deinem Thron
und trüge meine Palmen:

So wollt ich nach der Engel Weis
erhöhen deines Namens Preis
mit tausend schönen Psalmen.

Dieses „Spicken" durch´s Schlüsselloch in den himmlischen Garten führt bei Gerhardt nicht zu lebensfeindlicher Todessehnsucht. Er predigt keine Weltflucht, sondern der Zauber der sommerlichen Natur wird ihm zum Hoffnungszeichen, das ihn trotz aller Verwüstungen und Grausamkeiten, die er im 30-jährigen Krieg erleben musste, mit Hoffnung leben lässt. Er kehrt zurück auf diese Erde und er will sich "**an diesem und an allem Ort zu deinem Lobe neigen**":

12. Doch gleichwohl will ich, weil ich noch
hier trage dieses Leibes Joch,
auch nicht gar stille schweigen;
mein Herze soll sich fort und fort
an diesem und an allem Ort
zu deinem Lobe neigen.

Und schließlich mündet das Lied in ein Bittgebet:

13. **Hilf mir und segne meinen Geist**
mit Segen, der vom Himmel fleußt,
dass ich dir stetig blühe;
gib, *dass der Sommer deiner Gnad*
in meiner Seele früh und spat
viel Glaubensfrüchte ziehe.

Der Blick in den himmlischen Garten, die Hoffnung auf eine überwältigende Gottesbegegnung im Tode gibt dem Baum im Hier und Jetzt auf der Erde die Kraft und lässt seine Wurzeln treiben.

14. **Mach in mir deinem Geiste Raum,**
dass ich dir werd ein guter Baum,
und lass mich Wurzel treiben.
Verleihe, *dass zu deinem Ruhm*
ich deines Gartens schöne Blum
und Pflanze möge bleiben.

Mit dieser Hoffnung kann der Mensch bis zur „letzten Reis an Leib und Seele grünen":

15. *Erwähle mich zum Paradeis*
und lass mich bis zur letzten Reis
an Leib und Seele grünen,
so will ich dir und deiner Ehr
allein und sonsten keinem mehr
hier und dort ewig dienen.
(Text: Paul Gerhardt 1653 Melodie: August Harder vor 1813)

Hier und Dort, die beiden Worte fassen das Lied formelhaft zusammen., Gott ist beides der Schöpfer des sichtbaren "HIER" und des unsichtbaren DORT, wie es im lateinischen CREDO heißt: *Credo in factorem* **visibilium** *omnium et* **invisibilium.**

Kaum ein Lied ist so von überschäumender Lebenslust, Freude an der Natur und tiefem Gottvertrauen erfüllt und zugleich von einem so dunklen, biographischen Hintergrund überschattet.
Paul Gerhardt hätte allen Grund gehabt, nach seinen Erfahrungen wie Franz Schubert auch eine **„Winterreise"** zu schreiben. Aber er dichtet eine **"Sommerreise".** Er predigt keine Weltflucht, sondern der Zauber der sommerlichen Natur wird ihm zum verheißungs-vollem Hoffnungszeichen.

Geben wir es zu: Niemand weiß, was nach unserem Tod sein wird, weil noch nie jemand von dort zurückgekommen ist. Aber für Gerhardt wird das, was wir jetzt schon an Naturwundern um uns herum sehen, zum Vorschein eines Glücks, das uns im Sterben erwartet, zum Vorschein eines Lebens *„voller Freud* **ohne Zeit,** *dort im andern Leben",* so hat es derselbe Dichter in seinem Weihnachtslied „Fröhlich soll mein Herze springen" genannt.

Esther Vilar hat 2009 ein Buch geschrieben mit dem Titel:
„Die Schrecken des Paradieses-
Wie lebenswert wäre das ewige Leben?"
Ihr Gedankenexperiment führt die Vorstellung ad absurdum, das Paradies sei gleichbedeutend mit einer unendlichen Verlängerung unserer Lebenszeit in einem erfundenen Jenseits ohne alle Widrigkeiten, ohne das Böse, ein Leben in wunschlosem Glück.
Aber die Ewigkeit im biblischen Sinne meint etwas ganz Anderes. Sie ist das, was Paul Gerhardt paradox ein *„Leben voller Freud o h n e Zeit"* nennt. Der Tod ist eine Grenze an der alle unsere Vorstellungen von einem jenseitigen „Leben" lächerlich werden, weil wir uns ein „Leben ohne Zeit" nicht denken können. Auf den oft gehörten Satz: „Ich lebe lieber, denn im Paradies muss es ja

ziemlich langweilig sein, ewig dasselbe", gibt es nur eine mögliche Antwort: Im Paradies kann´s gar nicht langweilig sein, weil´s gar keine Zeit mehr gibt, also auch **keine lange Weile.**

Alle anders lautenden Aussagen sind menschliche Projektionen. Mehr über das Leben nach dem Tod zu sagen, ist genauso so unmöglich, wie die Frage zu beantworten:

Was war vor dem Urknall? Nur eins können wir glauben: Wir halten unsere Lebenszeit wie ein wertvolles Geschenk in den Händen. Wir verdanken es nicht uns selbst und wir dürfen es anderen Menschen nicht rauben. Aber ist vielleicht gerade das der Weg zu einem „Leben voller Freud ohne Zeit"? Paul Gerhardt hat es geglaubt.

EG WÜ 655   Freunde, dass der Mandelzweig
W+ 39

Bei Paul Gerhardt ist „der Gärten Zier" ein Hoffnungszeichen und wird zur Metapher für Gottes Paradiesgarten. Schalom Ben Chorin (1913-1999) hat sein Lied ursprünglich "Das Zeichen" überschrieben. Der Münchner Jude, der ursprünglich Fritz Rosenthal hieß, schrieb es während des 2. Weltkriegs 1942 im Jerusalemer Exil. Der vor dem Holocaust und den Schrecken des 2. Weltkriegs Geflohene will die Hoffnung auf ein Ende von Krieg und Vertreibung nicht aufgeben. Ein Naturbild aus der Berufungsgeschichte des Propheten Jeremia klingt an:

"Und es geschah des Herrn Wort zu mir: Jeremia, was siehst du? Ich sprach: Ich sehe einen erwachenden Zweig." (Jer. 1,11).

Schalom Ben Chorin hat einmal erzählt, dass ihn beim Blick aus seinem Jerusalemer Arbeitszimmer der blühende Mandelbaum im Garten seines Nachbarn ins Auge fiel und ihn an diesen Vers erinnerte. Jeremia ist der Prophet, der seinem Volk gepredigt hat, es solle nicht "nichtigen Götzen" nachlaufen. Sie hörten nicht auf ihn und das führte sie in die babylonische Gefangenschaft. Für Schalom Ben Chorin ist das eine historische Parallele zum Dritten Reich, das den 2. Weltkrieg angezettelt hatte. Der "erwachende Zweig", den Jeremia als Zeichen für Gottes Zuwendung sah, ist für ihn der blühende Mandelzweig vor seinem Fenster mitten im Krieg. Nach dem Winter steht in Israel der Mandelbaum als erster in Blüte. Deshalb wird er ihm zum Zeichen für eine alles Kriegsgeschrei überwindende Hoffnung, zum Beweis, dass das Leben siegen wird, nicht die Gewalt.

1. Freunde, dass der Mandelzweig
wieder blüht und treibt,
ist das nicht ein Fingerzeig,
dass die Liebe bleibt?

2. Dass das Leben nicht verging,
so viel Blut auch schreit,
achtet dieses nicht gering
in der trübsten Zeit.

3. Tausende zerstampft der Krieg,
eine Welt vergeht.
Doch des Lebens Blütensieg
leicht im Winde weht.

4. Freunde, dass der Mandelzweig
sich in Blüten wiegt,
bleibe uns ein Fingerzeig,
wie das Leben siegt.
(Shalom Ben Chorin 1942 nach Jesaja 1,11 Melodie: Fritz Baltruweit © SCM Hänssler)

Das Lied mit seiner einprägsamen Melodie wirkt intim. Einer singt seinen Freunden im kleinen Kreis einen Song zur Gitarre vor. Trotzdem ist es zu einem Gemeindelied geworden.

4.2.
EG 504   **Himmel, Erde, Luft und Meer**
EG 506   **Wenn ich, o Schöpfer deine Macht**
EG Wü 654   **Du schufst, Herr, unsre Erde gut**

EG 504   **Himmel, Erde, Luft und Meer**
Dem scheinbar so plausiblen Satz „Ich glaube nur, was ich sehe" setzt der Dichter Joachim Neander ((1650-1680) die Wunder der Natur als Beweis, als „Zeugnis" für einen Gott entgegen, der das alles geschaffen hat. Vier Strophen beginnen mit der Aufforderung. **„Seht"**! Die letzte Strophe ist das Fazit:

„Drücke stets in meinen Sinn, was du bist und was ich bin."

1. Himmel, Erde, Luft und Meer
zeugen von des Schöpfers Ehr;
meine Seele, singe du,
bring auch jetzt dein Lob herzu.

2. Seht das große Sonnenlicht,
wie es durch die Wolken bricht;

auch der Mond, der Sterne Pracht
jauchzen Gott bei stiller Nacht.

3. Seht, wie Gott der Erde Ball
hat gezieret überall.
Wälder, Felder, jedes Tier
zeigen Gottes Finger hier.

4. Seht, wie fliegt der Vögel Schar
in den Lüften Paar bei Paar.
Blitz und Donner, Hagel, Wind
seines Willens Diener sind.

5. Seht der Wasserwellen Lauf,
wie sie steigen ab und auf;
von der Quelle bis zum Meer
rauschen sie des Schöpfers Ehr.

6. Ach mein Gott, wie wunderbar
stellst du dich der Seele dar!
Drücke stets in meinen Sinn,
was du bist und was ich bin.
(Text: Joachim Neander 1680 Melodie: Georg Christoph Strattner 1691))

Rund 70 Jahre später hört sich ein Lobpreis der Schöpfung bei Christian Fürchtegott Gellert (1715- 1769) schon anders an als bei Joachim Neander. Seine Verse mussten vor dem Verstand der Religionskritiker der beginnenden Aufklärung bestehen können. Gellert war zu seiner Zeit ein beliebter Dichter, Theologe und Professor in Leipzig.
Aus seinen „Geistlichen Oden" (1757) stammt das Lied:

EG 506   Wenn ich, o Schöpfer deine Macht
Das Lied von Gellert wirkt wie eine zeitgemäße Übertragung gerhardt´scher Lyrik ins 18. Jahrhundert. Paul Gerhardt dichtete in seinem Morgenlied „Die güldne Sonne" (EG 449):
„*Mein Auge schauet, was Gott gebauet*". Bei Gellert heißt das:
„*Mein Auge sieht, wohin es blickt, die Wunder deiner Werke*".
Viele Schöpfungsbilder gleichen bei Gellert denen Paul Gerhardts in „Geh aus, mein Herz". Aber bei Gellert spricht der Geist der Aufklärung. Die Macht Gottes wird **„anbetend überlegt"** (Str. 1).
Unser Leib selbst zeugt von der Weisheit des Schöpfers (Strophe 5)

*„Der Mensch, ein Geist, den sein **Verstand** dich zu erkennen leitet,*
*der Mensch, der Schöpfung Ruhm und Preis, ist sich ein **täglicher***
***Beweis** von deiner Güt´ und Größe".*

1. Wenn ich, o Schöpfer, deine Macht,
die Weisheit deiner Wege,
die Liebe, die für alle wacht,
anbetend überlege:
so weiß ich, von Bewundrung voll,
nicht, wie ich dich erheben soll,
mein Gott, mein Herr und Vater!

2. Mein Auge sieht, wohin es blickt,
die Wunder deiner Werke;
der Himmel, prächtig ausgeschmückt,
preist dich, du Gott der Stärke.
Wer hat die Sonn an ihm erhöht?
Wer kleidet sie mit Majestät?
Wer ruft dem Heer der Sterne?

3. Wer misst dem Winde seinen Lauf?
Wer heißt die Himmel regnen?
Wer schließt den Schoß der Erde auf,
mit Vorrat uns zu segnen?
O Gott der Macht und Herrlichkeit,
Gott, deine Güte reicht so weit,
so weit die Wolken reichen.

4. Dich predigt Sonnenschein und Sturm,
dich preist der Sand am Meere.
Bringt, ruft auch der geringste Wurm,
bringt meinem Schöpfer Ehre!
Mich, ruft der Baum in seiner Pracht,
mich, ruft die Saat, hat Gott gemacht;
bringt unserm Schöpfer Ehre!

5. Der Mensch, ein Leib, den deine Hand
so wunderbar bereitet,
der Mensch, ein Geist, den sein Verstand
dich zu erkennen leitet:
der Mensch, der Schöpfung Ruhm und Preis,
ist sich ein täglicher Beweis
von deiner Güt und Größe.

6. Erheb ihn ewig, o mein Geist,
erhebe seinen Namen;
Gott unser Vater sei gepreist,
und alle Welt sag Amen,
und alle Welt fürcht ihren Herrn
und hoff auf ihn und dien ihm gern.
Wer wollte Gott nicht dienen?
(Text: Christian Fürchtegott Gellert 1757)

Ein Vergleich mit Paul Gerhardts Lied „Geh aus mein Herz"
offenbart Gemeinsamkeiten und Akzentverschiebungen.
Die Metapher vom „himmlischen Garten" fehlt bei Gellert. Gott
„predigt" durch seine Schöpfung. Gellert argumentiert und
appelliert an den Verstand: „*Wer wollte nicht Gott dienen*"?

EG Wü 654   Du schufst, Herr, unsre Erde gut

Die Beziehung zur Natur hat sich im 21. Jahrhundert grundlegend
verändert. Die menschengemachte Klimakrise bedroht das Leben
auf unserem gesamten Planeten. Das gab es noch nie. Wir
entdecken in der Natur immer weniger die Spuren Gottes als die
ökologisch verheerenden „Fußabdrücke" des Menschen. Ist der
„Outdoor-Gott" nicht mehr erlebbar, weil Gott „out" ist?

Ein Lied aus dem württembergischen Regionalteil des EG mit der
Melodie eines Spirituals, gehört zu den wenigen Beispielen, die
diesen Gedanken aufgreifen. Der badische Pfarrer und
Religionslehrer Traugott Wettach hat es geschrieben.

Wo Paul Gerhardt dichtet:
„*Die Bächlein rauschen in dem Sand*" heißt es hier:
„*Deine Flüsse, Seen und Bäche haben wir verschmutzt*".

Und statt „*Die Lerche schwingt sich in die Luft*"
steht der Satz: „*Deine Luft ist nun erfüllt mit Abgas tonnenschwer*".

Das Lied mit seiner originalen Spiritualmelodie kann abwechselnd
zwischen Vorsänger(in) und Gemeinde gesungen werden (V-A)

Kehrvers:

V Du schufst, Herr, unsre Erde gut,
A denn die Erde ist ja dein!
V Sie zu bewahren, gib uns Mut,
A denn die Erde ist ja dein!

1. V Lange Zeit, Herr, haben wir gehandelt unbedacht, -
A Schöpfer Gott, erbarme dich!
V über deine Gaben, deine Schätze nicht gewacht -
A Schöpfer Gott, erbarme dich.
Kehrvers

2. Deine Flüsse, Seen und Bäche haben wir verschmutzt, -
Schöpfer, Gott, erbarme dich!
haben nur geplant, gebaut, was unserm Wohlstand nutzt -
Schöpfer, Gott, erbarme dich!
Kehrvers

3. Deine Luft ist nun erfüllt mit Abgas, tonnenschwer, -
Schöpfer, Gott, erbarme dich!
und der Lärm, der uns umgibt, macht taub uns das Gehör -
Schöpfer, Gott, erbarme dich!
Kehrvers

4. Herr, anstatt zu traun auf deine starke Wunderkraft, -
Schöpfer, Gott, erbarme dich!
waren wir nur stolz auf alles, was wir selbst geschafft -
Schöpfer, Gott, erbarme dich!
Kehrvers

5. Weck uns alle endlich auf, beende unsern Wahn, -
Schöpfer, Gott, erbarme dich!
weil sonst nach uns keiner mehr auf Erden leben kann -
Schöpfer, Gott, erbarme dich!
Kehrvers (Text: © Traugott Wettach)

Die Melodie ist dem Spiritual *I´t´s me, it´s me,it´s me, o Lord*
entlehnt. Um die Wirkung des Originaltextes zu erleben, sollte man
ihn einmal der Melodie unterlegen und ihn singend erproben:

It's me, it´s me, it's me, oh Lord, standin' in the need of prayer.
It's me, it´s me, it's me, oh Lord standin' in the need of prayer.
Not my brother, not my sister, it´s a me, oh Lord
(2. Strophe: not my father, not my mother)
standin' in the need of prayer.

It´s me, it´s me, it´s me... dreimal werden diese Silben eingehämmert:
Es ist an mir, es ist an mir, es ist an mir, o Herr, zu beten!
Keine Ausreden: Nicht mein Bruder, nicht meine Schwester, nicht
mein Vater, nicht meine Mutter oder irgendwelche Anderen können
mich vertreten: *It´s me.* Es ist an mir!

Der Originaltext passt wie angegossen auf die Melodie.
Der deutsche Text erweitert die Aussage: „It´s me", es ist an mir,
nicht nur zu beten, sondern mein Verhalten zu ändern, wenn dieser
Planet, auf dem wir leben, bewohnbar bleiben soll. Es wäre eine Idee
das Lied mit der ersten Strophe des Originals "It´s me" zu rahmen.
Vielleicht war der appellative Gestus des Spirituals der Grund,
weshalb gerade diese Melodie zum deutschen Text fand. Der Refrain
„Schöpfer, Gott, **erbarme dich**" macht das Lied zum **Kyrielied.**

5. Bedingungslose Liebe

Psalm 36,8
Wie köstlich ist deine Güte, Gott, dass Menschenkinder unter dem
Schatten deiner Flügel Zuflucht haben.

5.1.

EG 325   **Sollt ich meinem Gott nicht singen**
W+ 36   **Es gibt bedingungslose Liebe**

EG 325   **Sollt ich meinem Gott nicht singen**
Das Paul- Gerhardt- Lied sieht an jedem Strophenende in der Ferne
schon den sicheren Hafen:
„Alles Ding währt seine Zeit, Gottes Lieb in Ewigkeit".

Am Anfang des Liedes stehen zwei Fragen:
„Sollt ich meinem Gott nicht singen?
Sollt ich ihm nicht dankbar sein?

Alle Gründe zum Singen und zum Dankbarsein werden
zusammengetragen. Der Umfang der Melodie sprengt den üblichen
Tonraum der Oktave. Die Melodie holt gleich in den ersten Tönen
weit aus und erreicht das es´´, die Dezime über dem Anfangston.
Erst in der Schlusszeile wird dieser Ton auf das Wort „Lieb" noch
einmal erscheinen.

1. Sollt ich ihm nicht dankbar sein?
Denn ich seh in allen Dingen,
wie so gut er's mit mir mein'.
Ist doch nichts als lauter Lieben,
das sein treues Herze regt,
das ohn Ende hebt und trägt,
die in seinem Dienst sich üben.
Alles Ding währt seine Zeit,
Gottes Lieb in Ewigkeit.

2. Wie ein Adler sein Gefieder
über seine Jungen streckt,
also hat auch hin und wieder
mich des Höchsten Arm bedeckt,
alsobald im Mutterleibe,
da er mir mein Wesen gab
und das Leben, das ich hab
und noch diese Stunde treibe.
Alles Ding währt seine Zeit,
Gottes Lieb in Ewigkeit.

3. Sein Sohn ist ihm nicht zu teuer,
nein, er gibt ihn für mich hin,
dass er mich vom ewgen Feuer
durch sein teures Blut gewinn.
O du unergründ'ter Brunnen,
wie will doch mein schwacher Geist,
ob er sich gleich hoch befleißt,
deine Tief ergründen können?
Alles Ding währt seine Zeit,
Gottes Lieb in Ewigkeit.

4. Seinen Geist, den edlen Führer,
gibt er mir in seinem Wort,
dass er werde mein Regierer
durch die Welt zur Himmelspfort;
dass er mir mein Herz erfülle
mit dem hellen Glaubenslicht,
das des Todes Macht zerbricht
und die Hölle selbst macht stille.
Alles Ding währt seine Zeit,
Gottes Lieb in Ewigkeit.

5. Meiner Seele Wohlergehen
hat er ja recht wohl bedacht;
will dem Leibe Not entstehen,
nimmt er's gleichfalls wohl in Acht.
Wenn mein Können, mein Vermögen
nichts vermag, nichts helfen kann,
kommt mein Gott und hebt mir an
sein Vermögen beizulegen.
Alles Ding währt seine Zeit,
Gottes Lieb in Ewigkeit.

6. Himmel, Erd und ihre Heere
hat er mir zum Dienst bestellt;
wo ich nur mein Aug hinkehre,
find ich, was mich nährt und hält:
Tier und Kräuter und Getreide;
in den Gründen, in der Höh,
in den Büschen, in der See,
überall ist meine Weide.
Alles Ding währt seine Zeit,
Gottes Lieb in Ewigkeit.

7. Wenn ich schlafe, wacht sein Sorgen
und ermuntert mein Gemüt,
dass ich alle liebe Morgen
schaue neue Lieb und Güt.
Wäre mein Gott nicht gewesen,
hätte mich sein Angesicht
nicht geleitet, wär ich nicht
aus so mancher Angst genesen.
Alles Ding währt seine Zeit,
Gottes Lieb in Ewigkeit.

Mit dieser Strophe habe ich Schwierigkeiten. Leiden als Strafe zu
deuten, führt in unauflösbare Paradoxien. Das hilft einem Menschen
mit Krebsdiagnose nicht. Aber wir müssen zugeben, dass wir uns in
viele Sackgassen von Hass, Gewalt, Lüge, Vorurteilen und
Lieblosigkeit selbst manövrieren und dann die Folgen spüren.
Aber wir können daraus auch lernen und können darauf hoffen,
dass Gott uns zwar nicht "vor dem Leid bewahrt, aber immer im
Leid", wie es Hans Küng einmal formuliert hat.

8. Seine Strafen, seine Schläge,
ob sie mir gleich bitter seind,
dennoch, wenn ich's recht erwäge,
sind es Zeichen, dass mein Freund,
der mich liebet, mein gedenke
und mich von der schnöden Welt,
die uns hart gefangen hält,
durch das Kreuze zu ihm lenke.
Alles Ding währt seine Zeit,
Gottes Lieb in Ewigkeit.

9. Das weiß ich fürwahr und lasse
mir's nicht aus dem Sinne gehn:
Christenkreuz hat seine Maße
und muss endlich stillestehn.
Wenn der Winter ausgeschneiet,
tritt der schöne Sommer ein;
also wird auch nach der Pein,
wer's erwarten kann, erfreuet.
Alles Ding währt seine Zeit,
Gottes Lieb in Ewigkeit.

10. Weil denn weder Ziel noch Ende
sich in Gottes Liebe find't,
ei so heb ich meine Hände
zu dir, Vater, als dein Kind,
bitte, wollst mir Gnade geben,
dich aus aller meiner Macht
zu umfangen Tag und Nacht
hier in meinem ganzen Leben,
bis ich dich nach dieser Zeit
lob und lieb in Ewigkeit.
(text: Paul Gerhardt 1653 Melodie: Johann Schop 1641)

Gottes Liebe ist absichtslos, sie will nichts erreichen und sie endet
nie: „*Weil denn weder Ziel noch Ende sich in Gottes Liebe findt*".
Gottes Liebe erfordert keine Gegenleistung. Sie ist bedingungslos.
Das verbindet das Lied von Paul Gerhardt mit dem folgenden neuen
Lied.

W+ 36   Es gibt bedingungslose Liebe

Das Lied trägt original den Titel „Anker in der Zeit". Es stammt aus
der „Worship-Musik". Dieser Stilrichtung des „Mainstream-Pop"
geht es nicht um das Hinterfragen, sondern um Anbetung. Sie
stammt aus der evangelikal-charismatischen Bewegung.
„Feiert Jesus" heißt eines ihrer Liederbücher, das regelmäßig hohe
Auflagen erreicht. Etliche Lieder daraus sind nun auch in
kirchlichen Neuen-Lieder-Heften angekommen. Sie zeugen von der
Pluralität der Frömmigkeitspraxis in unserer Kirche.
Das Lied von Albert Frey vermittelt Glaubensgewissheit:
*Es **gibt** bedingungslose Liebe.*
*Es **gibt** Versöhnung selbst für Feinde.*
*Es **gibt** die wunderbare Heilung.*
*Es **gibt** Gewissheit unseres Glaubens.*

In der Strophe zirkulieren sich wiederholende Melodiemotive. Umso stärker wirkt die Sprengung des kleinen Melodieumfangs im Refrain auf die Worte „Er ist das Zentrum der Geschichte" und „Er ist der Ursprung allen Lebens".

Für Manchen wird die inhaltliche Nähe zum Paul-Gerhardt-Lied eine Überraschung sein. Doch ein entscheidender und charakteristischer Unterschied lässt sich am ersten Satz des Liedes festmachen:

„Es gibt *bedingungslose Liebe".* Das ist ein klares Bekenntnis, eine Überzeugung, die das Gegenüber ermutigen und Sicherheit vermitteln will.

Das Lied von Paul Gerhardt beginnt dagegen fragend:

„Sollt ich meinem Gott nicht singen? Sollt ich ihm nicht dankbar sein?

Es gibt bedingungslose Liebe
Die alles trägt und nie vergeht
Und unerschütterliche Hoffnung
Die jeden Test der Zeit besteht
Es gibt ein Licht, das uns den Weg weist
Auch wenn wir jetzt nicht alles sehen
Es gibt Gewissheit unseres Glaubens
Auch wenn wir manches nicht verstehen

Es gibt Versöhnung selbst für Feinde
Und echten Frieden nach dem Streit
Vergebung für die schlimmsten Sünden
Ein neuer Anfang jederzeit

Es gibt ein ewiges Reich des Friedens
In unsrer Mitte lebt es schon
Ein Stück vom Himmel hier auf Erden
In Jesus Christus, Gottes Sohn

Er ist das Zentrum der Geschichte
Er ist der Anker in der Zeit
Er ist der Ursprung allen Lebens
Und unser Ziel in Ewigkeit
Und unser Ziel in Ewigkeit

Es gibt die wunderbare Heilung
Die letzte Rettung in der Not
Und es gibt Trost von Schmerz und Leiden
Ewiges Leben nach dem Tod

Es gibt Gerechtigkeit für alle
Für unsre Treue ewigen Lohn
Es gibt ein Hochzeitsmahl für immer
Mit Jesus Christus, Gottes Sohn

Er ist das Zentrum der Geschichte
Er ist der Anker in der Zeit
Er ist der Ursprung allen Lebens
Und unser Ziel in Ewigkeit

Er ist das Zentrum der Geschichte
Er ist der Anker in der Zeit
Er ist der Ursprung allen Lebens
Und unser Ziel in Ewigkeit
Unser Ziel in Ewigkeit

Es gibt Gerechtigkeit für alle
Für unsre Treue ewigen Lohn
Es gibt ein Hochzeitsmahl für immer
Mit Jesus Christus, Gottes Sohn

Er ist das Zentrum der Geschichte
Er ist der Anker in der Zeit
Er ist der Ursprung allen Lebens
Und unser Ziel in Ewigkeit
Und unser Ziel in Ewigkeit
(Albert Frey © SCM Hänssler Verlag)

6. Gottes Hände

Psalm 31, 16
Meine Zeit steht in deinen Händen.

6.1.

EG 64   **Der du die Zeit in Händen hast**
W+ 92   **Wir wissen nicht, wann diese Zeit**

EG 64   **Der du die Zeit in Händen hast (1938)**
Jochen Klepper verwendet in seinem Neujahrslied von 1938, mitten
in der für seine jüdische Frau und seine Kinder lebensbedrohlichen
Zeit der Nazidiktatur, das schon mehrfach erwähnte Bild von Gottes
Händen: Gott hält die Zeit in Händen und an seiner Hand werden
wir durch unsere Lebenszeit geführt:

1. Der du die Zeit in Händen hast,
Herr, nimm auch dieses Jahres Last
und wandle sie in Segen.
Nun von dir selbst in Jesus Christ
die Mitte fest gewiesen ist,
führ uns dem Ziel entgegen.

2. Da alles, was der Mensch beginnt,
vor seinen Augen noch zerrinnt,
sei du selbst der Vollender.
Die Jahre, die du uns geschenkt,
wenn deine Güte uns nicht lenkt,
veralten wie Gewänder.

3. Wer ist hier, der vor dir besteht?
Der Mensch, sein Tag, sein Werk vergeht:
Nur du allein wirst bleiben.
Nur Gottes Jahr währt für und für,
drum kehre jeden Tag zu dir,
weil wir im Winde treiben.

4. Der Mensch ahnt nichts von seiner Frist.
Du aber bleibest, der du bist,
in Jahren ohne Ende.
Wir fahren hin durch deinen Zorn,
und doch strömt deiner Gnade Born
in unsre leeren Hände.

5. Und diese Gaben, Herr, allein
lass Wert und Maß der Tage sein,
die wir in Schuld verbringen.
Nach ihnen sei die Zeit gezählt;
was wir versäumt, was wir verfehlt,
darf nicht mehr vor dich dringen.

6. Der du allein der Ewge heißt
und Anfang, Ziel und Mitte weißt
im Fluge unsrer Zeiten:
Bleib du uns gnädig zugewandt
und führe uns an deiner Hand,
damit wir sicher schreiten.
(Text: Jochen Klepper 1938 Melodie: Siegfried Reda 1960))

W+ 92   Wir wissen nicht, wann diese Zeit

Die Zukunft kennen wir nicht. „Der Mensch ahnt nichts von seiner Frist" (EG 64, 4), heißt es bei Klepper. „Wir wissen nicht, wann diese Zeit zum letzten Ende geht" heißt es im folgenden Lied. Wir glauben aber, dass Gott die Zeit in seinen Händen hält. Dass neue Lied bezieht das Wissen der Astrophysik mit ein. Nicht nur unsere kurze Lebenszeit ist begrenzt, sondern auch die unseres Sonnensystems, unserer Galaxie, ja des gesamten Universums. Das Ende wissen wir nicht. Wir glauben nur, dass unser Leben von Gott getragen wird, dass Gott die unsere Lebenszeit in seinen Händen hält. Die Melodie erreicht nach zwei Verszeilen ihren Tiefpunkt auf dem h und strebt dann zielgerichtet in aufsteigenden Tonleitergängen auf ihren Spitzenton c′′ zu: *„In Gottes Händen"*. Dann schwingt sich die Melodie wieder in die Tiefe und endet auf dem c′ des Beginns. Die lange Pause vor der Schlusszeile („break") ermöglicht einen instrumentalen Einwurf und hebt die wiederholte Schlusszeile der Strophe nachdrücklich hervor.

1. Wir wissen nicht, wann diese Zeit
zum letzten Ende geht.
Wir glauben nur, dass Glück und Leid
und Zukunft und Vergangenheit
in Gottes Händen steht.

2. Wir wissen nicht, wann diese Zeit
zerstauben wird im All,
wir glauben nur, dass Gott sie hält
und neu sie schafft, wenn´s ihm gefällt
aus Wahnsinn und Zerfall.

3. Wir wissen nicht, was uns noch blüht
Und unsern Enkeln droht,
wir glauben nur, gleich, was geschieht,
nichts gibt es, was uns ihm entzieht,
dem Herrn in Wein und Brot.
(Text: Wilma Kevinghaus Melodie: Christoph Lehmann © tvd Verlag, Düsseldorf)

6.2.

EG 533 **Du kannst nicht tiefer fallen**

W+ 49 **Halte zu mir, guter Gott**

EG 533 **Du kannst nicht tiefer fallen (1941)**
Im Lied von Arno Pötzsch (1900-1956) fangen mich die Hände
Gottes auf. Das Gedicht aus der Zeit des zweiten Weltkriegs, den
Pötzsch als Marinepfarrer in Holland und Belgien erlebte, macht
nicht viel Worte. Es gab damals kaum eine Familie, die keinen
Gefallenen zu beklagen hatte. Das Lied ist ein Versuch zu trösten:
„Du kannst nicht tiefer fallen als nur in Gottes Hand" und alle
stimmen ein und singen in der dritten Strophe:
„Wir sind von Gott umgeben", ein Anklang an Psalm 139:
„Von allen Seiten umgibst du mich".
Die Melodie von Hans Georg Bertram lässt sich keiner bestimmten
Tonart zuordnen und bleibt in der Schwebe.

1. Du kannst nicht tiefer fallen
als nur in Gottes Hand,
die er zum Heil uns allen
barmherzig ausgespannt.

2. Es münden alle Pfade
durch Schicksal, Schuld und Tod
doch ein in Gottes Gnade
trotz aller unsrer Not.

3. Wir sind von Gott umgeben
auch hier in Raum und Zeit
und werden in ihm leben
und sein in Ewigkeit.
(Text: Arno Pötzsch 1941 Melodie: Hans Georg Bertram 1986)

Als Zwischentext steht bei diesem Lied im EG das berühmte,
geistesverwandte Gedicht von Rainer Maria Rilke:

Der Herbst
Die Blätter fallen, fallen wie von weit,
als welkten in den Himmeln ferne Gärten;
sie fallen mit verneinender Gebärde.

Und in den Nächten fällt die schwere Erde
aus allen Sternen in die Einsamkeit.

Wir alle fallen. Diese Hand da fällt.
Und sieh dir andre an: es ist in allen.

Und doch ist Einer, welcher dieses Fallen
unendlich sanft in seinen Händen hält.
(Rainer Maria Rilke/ Das Buch der Bilder 1902))

W+ 49   **Halte zu mir, guter Gott**
Die erste Strophe wird zum Refrain aller Strophen:
„Halte zu mir, guter Gott heut den ganzen Tag.
Halt die Hände über mich, was auch kommen mag".

Schnelle Einprägsamkeit und Eingängigkeit ist das Ziel dieser
popmusikalischen C-Dur-Melodie. Die einfache achttaktige
Satzstruktur der Melodie (a-a´-b-b´) ist schnell zu erlernen und muss
nicht lang eingeübt werden.
Auffällig ist: Die Hände Gottes fangen mich nicht von unten auf,
Gott soll sie *über mich* halten. Sie kommen von oben. Sie sollen
mich schützen und segnen. Gott fängt auf und Gott segnet. Seine
Hände kommen von unten und von oben, wie der 139. Psalm sagt:
„Von allen Seiten umgibst du mich". (Psalm 139,5)

1. Halte zu mir guter Gott heut den ganzen Tag
Halt die Hände über mich, was auch kommen mag.
Halte zu mir guter Gott heut den ganzen Tag
Halt die Hände über mich, was auch kommen mag.

2. Du bist jederzeit bei mir, wo ich geh und steh
spür ich wenn ich leise bin, dich in meiner Näh,
halte zu mir guter Gott heut den ganzen Tag
Halt die Hände über mich, was auch kommen mag.

3. Gibt es Ärger oder Streit und noch mehr Verdruss
weiß ich doch, du bist nicht weit, wenn ich weinen muss.
Halte zu mir guter Gott heut den ganzen Tag
Halt die Hände über mich, was auch kommen mag.

4. Meine Freude, meinen Dank, alles sag ich dir.
Du hältst zu mir guter Gott, spür ich tief in mir.
Halte zu mir guter Gott heut den ganzen Tag
Halt die Hände über mich, was auch kommen mag.
(Text: Rolf Krenzer © Christina Krenzer Melodie: Ludger Edelkötter)

6.3.

EG 594 WÜ	**Herr, wir stehen Hand in Hand**
W+ 37	**Es kommt die Zeit, in der die Träume**
EG.E. 8	

EG 594 WÜ   Herr, wir stehen Hand in Hand

Das Lied dichtete der Pfarrer Otto Riethmüller 1932 am Vorabend des Dritten Reichs. „Wetter leuchten allerwärts". Politisch brodelte es in Deutschland. Riethmüller wandte sich nach anfänglicher Zustimmung zum Nationalsozialismus sehr bald der "Bekennenden Kirche" zu. Er unterschrieb den ersten Aufruf gegen die Einführung des Arierparagraphen. Ziel des Lebens war für ihn nicht die von den Nationalsozialisten beschworene "Volksgemeinschaft aller Deutschen", sondern die "Gemeinschaft aller Christen" über alle Grenzen hinweg. 1935 wurde er Vorsitzender der Reichsjugend-arbeit.

Er verwendet in seinem Lied zwar Kriegsrhetorik, aber kehrt sie in ihr Gegenteil um: Eine *Fahne zieht voran*, es geht für die *Kämpfer* um *Krieg und Sieg* mit *Waffen blank*. Die Kämpfer aber sind „Wandrer nach dem Vaterland". Sie wandern *Hand in Hand* zur *Gottesstadt*. Diese Stadt ist Sinnbild gelingender Gemeinschaft untereinander und mit Gott. An dieser Gottesstadt soll die „Welt genesen", nicht „an deutschem Wesen", nicht am "deutschen Vaterland". Die beschwingte Leihmelodie im Dreiertakt (EG 504 *Himmel, Erde, Luft und Meer*, 1691) steht im Gegensatz zu den martialischen Marschliedern der Nazis.

Riethmüller starb 1938 in Berlin.

1. Herr, wir stehen Hand in Hand,
die dein Hand und Ruf verband,
stehn in deinem großen Heer
aller Himmel, Erd und Meer.

2. Wetter leuchten allerwärts,
schenke uns das feste Herz.
Deine Fahne zieht voran;
führ auch uns nach deinem Plan.

3. Welten stehn um dich im Krieg,
gib uns teil an deinem Sieg.
Mitten in der Höllen Nacht
hast du ihn am Kreuz vollbracht.

4. In die Wirrnis dieser Zeit
fahre, Strahl der Ewigkeit.
Zeig den Kämpfern Platz und Pfad
und das Ziel der Gottesstadt.

5. Mach in unsrer kleinen Schar
Herzen rein und Augen klar,
Wort zur Tat und Waffen blank,
Tag und Weg voll Trost und Dank.

6. Herr, wir gehen Hand in Hand,
Wandrer nach dem Vaterland.
Lass dein Antlitz mit uns gehn,
bis wir ganz im Lichte stehn.
(Text: Otto Riethmüller 1932 Melodie: Georg Christoph Strattner, 1604)

W+ 37   **Es kommt die Zeit, in der die Träume**
EG.E. 8
In diesem Lied haben unsere Träume zwar nicht die „Gottesstadt",
aber Friede, Freude und Gerechtigkeit zum Ziel:
„Es kommt die Zeit, in der die Träume sich erfüllen".
Die Perspektive wird global geweitet. Hier gehen
„Gott und Mensch Hand in Hand". Es gibt eine Zukunft:
„Es kommt die Zeit, in der die Völker sich versöhnen".

1. Es kommt die Zeit, in der die Träume sich erfüllen,
wenn Friede und Freude und Gerechtigkeit
die Kreatur erlöst.
Dann gehen Gott und die Menschen Hand in Hand.

2. Es kommt die Zeit, in der die Völker sich versöhnen,
wenn alle befreit sind und zusammenstehen
im einen Haus der Welt.
Dann gehen Gott und die Menschen Hand in Hand.

3. Es kommt die Zeit, da wird der Erdkreis neu ergrünen
mit Wasser, Luft, Feuer, wenn der Menschen Geist
des Schöpfers Plan bewahrt.
Dann gehen Gott und die Menschen Hand in Hand.

4. *Es kommt die Zeit, in der die Träume sich erfüllen,*
wenn Friede und Freude und Gerechtigkeit
die Kreatur erlöst.
Dann gehen Gott und die Menschen Hand in Hand.
(Text: Gerhard Schnath , Gottfried Mohr, Rudolf Otto Wiemer Musik: Peter Janssens
Aus: Meine Lieder 1992 © alle Rechte im Peter Janssens Musik Verlag, Telgte-Westfalen)

7. Mit leeren Händen

Psalm 5, 3
Vernimm mein Schreien, mein König und mein Gott;
denn ich will zu dir beten.

Am 17. April 1521 wurde Luther in den Verhandlungssaal des
Wormser Reichstages geführt, um vor dem Kaiser seiner Lehre
abzuschwören. Er weigerte sich mit den Worten:
„Da mein Gewissen in den Worten Gottes gefangen ist, kann und will
ich nichts widerrufen, weil es gefährlich und unmöglich ist, etwas
gegen das Gewissen zu tun. Gott helfe mir. Amen."
Im späteren Wittenberger Druck seiner Rede wurde aus diesen
Worten der berühmt gewordene Satz:
„Ich stehe hier, ich kann nicht anders!"

Dass es Luther nicht so heroisch zumute war, als er es wagte, seinen
Anklägern zu widersprechen, beweist sein „Gebet auf dem Reichstag
zu Worms". Es ist eine Bitte um Gottes Beistand und zugleich eine
Selbstbesinnung: Wer bin ich? Wo stehe ich? Woher beziehe ich
meine Kraft?

Allmächtiger, ewiger Gott! Wie ist es nur ein Ding um die Welt! Wie
sperrt sie den Leuten die Mäuler auf! Wie klein und gering ist das
Vertrauen der Menschen auf Gott! Wie ist das Fleisch so zart und
schwach, und der Teufel so gewaltig und geschäftig durch seine
Apostel und Weltweisen! Wie zieht sie so bald die Hand ab und
schnurrt dahin, läuft die gemeine Bahn und den weiten Weg zur Hölle
zu, da die Gottlosen hingehören; und siehet nur allein bloß an, was
prächtig und gewaltig, groß und mächtig ist und ein Ansehen hat.
Wenn ich auch meine Augen dahin wenden soll, so ist's mit mir aus,
die Glocke ist schon gegossen und das Urteil gefällt. Ach Gott! ach
Gott! o du mein Gott! Du mein Gott, stehe du mir bei, wider alle Welt
Vernunft und Weisheit. Tue du es; du mußt es tun, du allein. Ist es
doch nicht meine, sondern deine Sache. Hab ich doch für meine Person
allhie nichts zu schaffen und mit diesen großen Herrn der Welt zu tun.
Wollt ich doch auch wohl gute geruhige Tage haben und unverworren
sein. Aber dein ist die Sach, Herr, die gerecht und ewig ist. Stehe mir

bei, du treuer, ewiger Gott! Ich verlasse mich auf keinen Menschen. Es ist umsonst und vergebens, es hinket alles, was fleischlich ist und nach Fleisch schmeckt. **Gott, o Gott! Hörest du nicht, mein Gott? Bist du tot?** *Nein, du kannst nicht sterben, du verbirgst dich allein. Hast du mich dazu erwählet? Ich frage dich, wie ich es denn gewiß weiß; ei, so walt es Gott! denn ich mein Leben lang nie wider solche große Herrn gedacht zu sein, habe mir es auch nie vorgenommen. Ei, Gott, so stehe mir bei in dem Namen deines lieben Sohns Jesu Christi, der mein Schutz und Schirm sein soll, ja, meine feste Burg, durch Kraft und Stärkung deines Heiligen Geistes.* **Herr, wo bleibest du? Du, mein Gott, wo bist du? Komm, komm, ich bin bereit, auch mein Leben darum zu lassen,** *geduldig, wie ein Lämmlein. Denn gerecht ist die Sache und dein; so will ich mich von dir nicht absondern ewiglich. Das sei beschlossen in deinem Namen. Die Welt muß mich über mein Gewissen wohl ungezwungen lassen, und wenn sie noch voller Teufel wäre, und sollte mein Leib, der doch zuvor deiner Hände Werk und Geschöpf ist, darüber zu Grund und Boden, ja zu Trümmern gehen; dafür mir aber dein Wort und Geist gut ist. Und ist auch nur um den Leib zu tun; die Seele ist dein und gehört dir zu, und bleibet auch bei dir ewig, Amen. Gott helf mir, Amen.*

(Aus: Adolf Müller: Luther - Ein deutsches Leben - Kapitel 17 Der Reichstag zu Worms.1521. / Deutsche National- Bibliothek 1860)

Das ist ein Gebet „mit leeren Händen".

Mit „leeren Händen beten" hat aber auch noch eine andere Seite, die der dänische Philosoph Sören Kierkegaard so beschreibt:

Gott ist im Himmel, der Mensch ist auf Erden; darum können sie nicht gut zusammen reden. Gott weiß alle Dinge, aber das Wissen des Menschen ist nur Geschwätz; darum können sie nicht gut zusammen reden. Gott ist die Liebe, der Mensch ist, wie man zu dem Kinde sagt, ein kleiner Narr, selbst wenn es sich um sein eigen Wohl handelt; darum können sie nicht gut zusammen reden....
Und was geschah ihm (dem Beter) dann, wenn er anders innerlich betete? Ihm geschah etwas Verwunderliches. Als sein Gebet immer andächtiger und innerlicher wurde, da hatte er immer weniger und weniger zu sagen; zuletzt wurde er ganz still. Er wurde still, ja, was womöglich ein noch größerer Gegensatz zum Reden ist, er wurde ein Hörer. Er meinte erst, beten sei reden; er lernte, daß beten nicht bloß ist schweigen, sondern hören. Und so ist es; beten heißt nicht sich selbst reden hören, beten heißt stille werden und stille sein und harren bis der Betende Gott hört.

(Sören Kierkegaard. „Die Lilien auf dem Felde", aus dem Vorwort zu den ersten erbaulichen Reden 1843)

Gebete „mit leeren Händen" werden oft mit der Bitte „Komm"
eingeleitet: *„Veni redemptor gentium"* diesen alten Hymnus (um 386)
des Ambrosius von Mailand übersetzte Martin Luther 1524 mit
„Nun komm, der Heiden Heiland" (EG 4).
Auch in anderen Liedern ist diese Bitte „Komm" als Ausdruck
sehnsüchtiger Erwartung geläufig.
Vier Beispiele:

7.1.

EG 126   **Komm, Gott Schöpfer, Heiliger Geist**
GL 342
EG 428   **Komm in unsre stolze Welt**

EG 126   **Komm, Gott Schöpfer, Heiliger Geist**
GL 342
Wenn wir jemand brauchen, und er ist nicht da, bitten wir ihn:
Komm! Wenn wir von allen guten Geistern verlassen sind, bitten
wir um den Geist der Liebe, den Heiligen Geist. Der alte lateinische
Pfingsthymnus *Veni creator spiritus* (809) wurde von Luther so ins
Deutsche übersetzt: Komm, Gott Schöpfer, Heiliger Geist!

1. Komm, Gott Schöpfer, Heiliger Geist,
besuch das Herz der Menschen dein,
mit Gnaden sie füll, denn du weißt,
dass sie dein Geschöpfe sein.

EG 428   **Komm in unsre stolze Welt**
1967 schrieb der ostpreußische Arzt und Mitglied der Bekennenden
Kirche im dritten Reich, Hans Graf von Lehndorff (1910-1987) sein
Gedicht „Komm in unsre stolze Welt". Lehndorf sah es als sein
Adventsgedicht an. Das Strophenmuster ist traditionell und könnte
auch auf die Melodie von EG 402 „Meinen Jesum lass ich nicht" oder
EG 502 „Jesus, meine Zuversicht" gesungen werden.

1. Komm in unsre stolze Welt,
Herr, mit deiner Liebe Werben.
Überwinde Macht und Geld,
lass die Völker nicht verderben.
Wende Hass und Feindessinn
auf den Weg des Friedens hin.

2. Komm in unser reiches Land,
der du Arme liebst und Schwache,
dass von Geiz und Unverstand
unser Menschenherz erwache.
Schaff aus unserm Überfluss
Rettung dem, der hungern muss.

3. Komm in unsre laute Stadt,
Herr, mit deines Schweigens Mitte,
dass, wer keinen Mut mehr hat,
sich von dir die Kraft erbitte
für den Weg durch Lärm und Streit
hin zu deiner Ewigkeit.

4. Komm in unser festes Haus,
der du nackt und ungeborgen.
Mach ein leichtes Zelt daraus,
das uns deckt kaum bis zum Morgen;
denn wer sicher wohnt, vergisst,
dass er auf dem Weg noch ist.

5. Komm in unser dunkles Herz,
Herr, mit deines Lichtes Fülle;
dass nicht Neid, Angst, Not und Schmerz
deine Wahrheit uns verhülle,
die auch noch in tiefer Nacht
Menschenleben herrlich macht.
(Text: Hans von Lehndorff 1968 Melodie: Manfred Schlenker 1982 © Bärenreiter)

Jesu Name wird nie direkt genannt. Aber er wird als „Herr" erkannt, als der, der „nackt und ungeborgen" in unser Haus kommt. Wie mit einem Teleobjektiv zoomt sich der Text immer näher an sein Ziel heran: „Unser dunkles Herz".
„Komm in unsre stolze Welt- Komm in unser reiches Land-
Komm in unsre laute Stadt- Komm in unser festes Haus-
Komm in unser dunkles Herz".

1982 verfasste Manfred Schlenker dazu eine tonal vielfältig deutbare, originelle Melodie, deren 3/2-Takt den einfachen, vierhebigen Verszeilen Spannung verleiht.
Auch die folgenden Lieder beginnen mit der Bitte: Komm!

7.2.

EG 125   **Komm, Heiliger Geist, Herre Gott**
EG 170   **Komm, Herr, segne uns**
GL 451

EG 125 Komm, Heiliger Geist, Herre Gott

1. Komm, Heiliger Geist, Herre Gott,
erfüll mit deiner Gnaden Gut
deiner Gläub'gen Herz, Mut und Sinn,
dein brennend Lieb entzünd in ihn'.
O Herr, durch deines Lichtes Glanz
zum Glauben du versammelt hast
das Volk aus aller Welt Zungen.
Das sei dir, Herr, zu Lob gesungen.
Halleluja, Halleluja.

(Text: Str. 1 Ebersberg um 1480 nach der Antiphon »Veni sancte spiritus, reple« 11. Jh. Str. 2-3 Martin Luther 1524)

EG 170 Komm, Herr, segne uns
GL 451

1. Komm, Herr, segne uns, dass wir uns nicht trennen,
sondern überall uns zu dir bekennen.
Nie sind wir allein, stets sind wir die Deinen.
Lachen oder Weinen wird gesegnet sein.

7.3.

EG 497   **Ich weiß, mein Gott, dass all mein Tun**
EG 382   **Ich steh vor dir mit leeren Händen, Herr**

EG 497 Ich weiß, mein Gott, dass all mein Tun

Im Gebet bleiben wir wie ein Wanderer stehen und suchen nach Orientierung. Sind wir noch auf dem richtigen Weg oder haben wir uns verlaufen? Stimmt das Ziel überhaupt?
Die Strophen des Liedes von Paul Gerhardt sind ein solches Gebet, voll Vertrauen in Gott. In seinem Willen ruht mein „Tun und Werk". Mit diesem Kompass im Gepäck kann ich den Weg weitergehen.
Wer betet, sagt Paul Gerhardt, dessen „Sorgenstein wird in der Eil in tausend Stücke springen". Das Lied leiht uns Worte zum Beten, wenn unsere Hände leer sind und wir nicht wissen, was wir beten sollen:

1. Ich weiß, mein Gott, dass all mein Tun
und Werk in deinem Willen ruhn,
von dir kommt Glück und Segen;
was du regierst, das geht und steht
auf rechten, guten Wegen.

2. Es steht in keines Menschen Macht,
dass sein Rat werd ins Werk gebracht
und seines Gangs sich freue;
des Höchsten Rat, der macht's allein,
dass Menschenrat gedeihe.

3. Es fängt so mancher weise Mann
ein gutes Werk zwar fröhlich an
und bringt's doch nicht zum Stande;
er baut ein Schloss und festes Haus,
doch nur auf lauterm Sande.

4. Verleihe mir das edle Licht,
das sich von deinem Angesicht
in fromme Seelen strecket
und da der rechten Weisheit Kraft
durch deine Kraft erwecket.

5. Gib mir Verstand aus deiner Höh,
auf dass ich ja nicht ruh und steh
auf meinem eignen Willen;
sei du mein Freund und treuer Rat,
was recht ist, zu erfüllen.

6. Prüf alles wohl, und was mir gut,
das gib mir ein; was Fleisch und Blut
erwählet, das verwehre.
Der höchste Zweck, das beste Teil
sei deine Lieb und Ehre.

7. Was dir gefällt, das lass auch mir,
o meiner Seelen Sonn und Zier,
gefallen und belieben;
was dir zuwider, lass mich nicht
in Werk und Tat verüben.

8. Ist's Werk von dir, so hilf zu Glück,
ist's Menschentun, so treib zurück
und ändre meine Sinnen.
Was du nicht wirkst, das pflegt von selbst
in kurzem zu zerrinnen.

9. Tritt du zu mir und mache leicht,
was mir sonst fast unmöglich deucht,
und bring zum guten Ende,
was du selbst angefangen hast
durch Weisheit deiner Hände.

10. Ist ja der Anfang etwas schwer
und muss ich auch ins tiefe Meer
der bittern Sorgen treten,
so treib mich nur, ohn Unterlass
zu seufzen und zu beten.

11. Wer fleißig betet und dir traut,
wird alles, davor sonst ihm graut,
mit tapferm Mut bezwingen;
sein Sorgenstein wird in der Eil
in tausend Stücke springen.

12. Der Weg zum Guten ist gar wild,
mit Dorn und Hecken ausgefüllt;
doch wer ihn freudig gehet,
kommt endlich, Herr, durch deinen Geist,
wo Freud und Wonne stehet.

13. Du bist mein Vater, ich dein Kind;
was ich bei mir nicht hab und find,
hast du zu aller G'nüge.
So hilf nur, dass ich meinen Stand
wohl halt und herrlich siege.

14. Dein soll sein aller Ruhm und Ehr,
ich will dein Tun je mehr und mehr
aus hocherfreuter Seelen
vor deinem Volk und aller Welt,
so lang ich leb, erzählen.
(Text: Paul Gerhardt 1653 Melodie: 16. Jhd.)

EG 382   **Ich steh vor dir mit leeren Händen, Herr**

Ein Lied des 20. Jahrhunderts, ein Gebet mit leeren Händen, die Gott
entgegengestreckt werden. Gott ist mir fremd, ich bin mir selbst
fremd. Dieses moderne Gebet nimmt den Zweifel ernst und deutet
ihn nicht als verwerflichen Unglauben. Hoffnung spricht aus den
letzten Zeilen:
*„Sei du mein täglich Brot, so wahr du lebst, du bist mein Atem, wenn
ich zu dir bete."*

1. Ich steh vor dir mit leeren Händen, Herr;
fremd wie dein Name sind mir deine Wege.
Seit Menschen leben, rufen sie nach Gott;
mein Los ist Tod, hast du nicht andern Segen?
Bist du der Gott, der Zukunft mir verheißt?
Ich möchte glauben, komm mir doch entgegen.

2. Von Zweifeln ist mein Leben übermannt,
mein Unvermögen hält mich ganz gefangen.
Hast du mit Namen mich in deine Hand,
in dein Erbarmen fest mich eingeschrieben?
Nimmst du mich auf in dein gelobtes Land?
Werd ich dich noch mit neuen Augen sehen?

3. Sprich du das Wort, das tröstet und befreit
und das mich führt in deinen großen Frieden.
Schließ auf das Land, das keine Grenzen kennt,
und lass mich unter deinen Kindern leben.
Sei du mein täglich Brot, so wahr du lebst.
Du bist mein Atem, wenn ich zu dir bete.

(Text: Lothar Zenetti 1974 nach dem niederländischen »Ik sta voor U« von Huub
Oosterhuis 1969 © Gera Nova Beuckmann Melodie: Bernard Maria Huijbers 1964)

7.4.

EG 263   **Sonne der Gerechtigkeit**
EG 430   **Gib Frieden, Herr, gib Frieden**

EG 263   **Sonne der Gerechtigkeit**

Die Strophen des Liedes stammen von drei verschiedenen Autoren,
die dem Pietismus nahestehen, einer Frömmigkeitsbewegung
innerhalb der evangelischen Kirche, die Ende des 17. Jahrhunderts
entstand. Tägliche Bibellese, Gebet, Gemeinschaft und eine innere
"Wiedergeburt" sollte zu einer veränderten, tätigen Lebenspraxis
und zu "gottgefälligem" Leben führen.

Strophe 1 und 6 stammen von Christian David (1691-1751), Missionar und Mitbegründer der Brüdergemeinde von Herrnhut, die Strophen 2, 4 und 5 von Christian Gottlob Barth (1799-1862), Pfarrer, Förderer der Mission und Gründer des Calwer Verlags, die Strophen 3 und 7 von Johann Christian Nehring (1671- 1736), Inspektor an August Hermann Franckes Waisenhaus in Halle.

1932 hat Otto Riethmüller die Strophen aus verschiedenen Traditionen zu einem Lied vereint und mit der Schlusszeile „Erbarm dich, Herr" zu einem Kyrielied erweitert.

Was mir besonders imponiert, ist die über 500 Jahre alte Melodie, die Otto Riethmüller für die Strophen gefunden hat. Ihr verdankt das Lied wahrscheinlich seine rasch eintretende Popularität. Die Melodie geht auf ein weltliches Bettlerlied aus dem 15. Jahrhundert zurück.

(s. Liederkunde zum EG, Heft 21, S. 57-59 Vandenhoeck & Ruprecht, Göttingen)

Die 2. Strophe ist ein Weckruf gegen die Abstumpfung, gegen die institutionelle Routine: *„Weck, die tote Christenheit".*

1. Sonne der Gerechtigkeit,
gehe auf zu unsrer Zeit;
brich in deiner Kirche an,
dass die Welt es sehen kann.
Erbarm dich, Herr. (Mal 3,20)

2. Weck die tote Christenheit
aus dem Schlaf der Sicherheit;
mache deinen Ruhm bekannt
überall im ganzen Land.
Erbarm dich, Herr.

Die Grenzen zwischen Menschen und Völkern, Grenzen zwischen Arm und Reich sollen fallen:

3. Schaue die Zertrennung an,
der kein Mensch sonst wehren kann;
sammle, großer Menschenhirt,
alles, was sich hat verirrt.
Erbarm dich, Herr.

Die Türen der Völker in der Welt sollen aufgemacht werden, damit das Evangelium freie Bahn hat:

4. Tu der Völker Türen auf,
deines Himmelreiches Lauf
hemme keine List noch Macht.
Schaffe Licht in dunkler Nacht.
Erbarm dich, Herr.

Glaube, Liebe und Hoffnung sollen Leid und Tränen ablösen.

5. Gib den Boten Kraft und Mut,
Glaubenshoffnung, Liebesglut,
lass viel Früchte deiner Gnad
folgen ihrer Tränensaat.
Erbarm dich, Herr.

6. Lass uns deine Herrlichkeit
ferner sehn in dieser Zeit
und mit unsrer kleinen Kraft
üben gute Ritterschaft.
Erbarm dich, Herr.

Die letzte Strophe lobt Gott, den „Allerhöchsten als „Drei in ein".

7. Kraft, Lob, Ehr und Herrlichkeit
sei dem Höchsten allezeit,
*der, wie er ist **drei in ein**,*
uns in ihm lässt eines sein.
Erbarm dich, Herr.
(Text: Str. 1.6 Christian David (1728) 1741; Str. 2.4.5 Christian Gottlob Barth 1827; Str. 3.7
Johann Christian Nehring 1704, neu gestaltet von Otto Riethmüller 1932)

EG 430 Gib Frieden, Herr, gib Frieden

Jürgen Henkys hat das ursprünglich niederländische Lied ins
Deutsche übersetzt. Die Zeilen „*Recht wird durch Macht entschieden,*
wer lügt, liegt obenauf" sind durch das gegenwärtige Phänomen
gezielt gestreuter „fake news" brandaktuell. Durch die Verbindung
des Textes mit der alten Melodie des Paul- Gerhardt-Liedes „*Befiehl*
du deine Wege dem, der den Himmel lenkt"(EG 361) werden diese
Worte des Gottvertrauens unbewusst im Hintergrund gefühlt, wenn
wir singen:

1. *Gib Frieden, Herr, gib Frieden,*
die Welt nimmt schlimmen Lauf.
Recht wird durch Macht entschieden,
wer lügt, liegt obenauf.
Das Unrecht geht im Schwange,
wer stark ist, der gewinnt.
Wir rufen: Herr, wie lange?
Hilf uns, die friedlos sind.

2. *Gib Frieden, Herr, wir bitten!*
Die Erde wartet sehr.
Es wird so viel gelitten,
die Furcht wächst mehr und mehr.
Die Horizonte grollen,
der Glaube spinnt sich ein.
Hilf, wenn wir weichen wollen,
und lass uns nicht allein.

3. *Gib Frieden, Herr, wir bitten!*
Du selbst bist, was uns fehlt.
Du hast für uns gelitten,
hast unsern Streit erwählt,
damit wir leben könnten,
in Ängsten und doch frei,
und jedem Freude gönnten,
wie feind er uns auch sei.

4. *Gib Frieden, Herr, gib Frieden:*
Denn trotzig und verzagt
hat sich das Herz geschieden
von dem, was Liebe sagt!
Gib Mut zum Händereichen,
zur Rede, die nicht lügt,
und mach aus uns ein Zeichen
dafür, dass Friede siegt.

(Text: Jürgen Henkys (1980) 1983 nach dem niederländischen »Geef vrede, Heer, geef vrede« von Jan Nooter 1963) © Strube Verlag Melodie: Bartholomäus Gesius 1603)

Hier geht es nicht um einen Seelenfrieden im "stillen Kämmerlein", nicht um einen Friedensschluss zwischen Gott und der frommen Seele, sondern schnörkellos um den Zustand der Welt: *Die Welt nimmt schlimmen Lauf, Recht wird durch Macht entschieden.*

Wenn aber die *"Horizonte grollen"* darf sich der Glaube *"nicht einspinnen"* in ein frommes Ghetto, sondern soll Jesu Gegenmodell einer Welt des Händereichens öffentlich leben:
"Gib Mut, zum Händereichen, zur Rede, die nicht lügt."

7.5.
EG 447   **Lobet den Herren alle, die ihn ehren**
GL 81
W+ 70   **Mit dir, o Herr die Grenzen überschreiten**
EG.E. 26

EG 447   **Lobet den Herren alle, die ihn ehren**
GL 81
Klagen auf hohem Niveau fällt uns leichter als Loben. Dieses Lied von Paul Gerhardt zählt zuerst Gründe zum Loben auf: Am Morgen fröhlich aufzustehen und alle Sinne gebrauchen zu können, Hab und Gut nicht durch „Feuerflammen" verloren zu haben, nicht „Dieben und Räubern" in die Hände gefallen zu sein, das alles ist nicht selbstverständlich.
Die antike "sapphische" Strophenform der Dichtung mit drei elfsilbigen Zeilen und einer kurzen fünfsilbigen Schlusszeile macht diese Melodie so langlebig und unverwüstlich.

1. Lobet den Herren alle, die ihn ehren;
lasst uns mit Freuden seinem Namen singen
und Preis und Dank zu seinem Altar bringen.
Lobet den Herren!

2. Der unser Leben, das er uns gegeben,
in dieser Nacht so väterlich bedecket
und aus dem Schlaf uns fröhlich auferwecket:
Lobet den Herren!

3. Dass unsre Sinnen wir noch brauchen können
und Händ und Füße, Zung und Lippen regen,
das haben wir zu danken seinem Segen.
Lobet den Herren!

4. Dass Feuerflammen uns nicht allzusammen
mit unsern Häusern unversehns gefressen,
das macht's, dass wir in seinem Schoß gesessen.
Lobet den Herren!

5. Dass Dieb und Räuber unser Gut und Leiber
nicht angetast' und grausamlich verletzet,
dawider hat sein Engel sich gesetzet.
Lobet den Herren!

6. O treuer Hüter, Brunnen aller Güter,
ach lass doch ferner über unser Leben
bei Tag und Nacht dein Huld und Güte schweben.
Lobet den Herren!

7. Gib, dass wir heute, Herr, durch dein Geleite
auf unsern Wegen unverhindert gehen
und überall in deiner Gnade stehen.
Lobet den Herren!

Für unsere Taten und Entscheidungen müssen wir Verantwortung übernehmen. Wir haben einen freien Willen. Der Dichter bittet aber Gott: „Treib unsern Willen, dein Wort zu erfüllen".

8. Treib unsern Willen, dein Wort zu erfüllen;
hilf uns gehorsam wirken deine Werke;
und wo wir schwach sind, da gib du uns Stärke.
Lobet den Herren!

9. Richt unsre Herzen, dass wir ja nicht scherzen
mit deinen Strafen, sondern fromm zu werden
vor deiner Zukunft uns bemühn auf Erden.
Lobet den Herren!

„Richt´ unsre Herzen, dass wir ja nicht scherzen mit deinen Strafen". Das ist sie wieder die Strafandrohung. Verhängt Gott Strafsanktionen? Das ist zwar ein alltägliches Mittel in der Politik, um ein bestimmtes Ziel zu erreichen. Aber gehören Strafsanktionen tatsächlich zum Maßnahmenkatalog Gottes? Die Folgen unserer Taten sollen wir bedenken und nicht auf die leichte Schulter nehmen. Das stimmt. Der Mensch sollte aber nicht durch Androhung von Strafen diszipliniert werden, sondern sich aus eigenem Antrieb auf den Weg der Liebe machen, den Jesus vorangegangen ist. Wer auf seinem Lebensweg umkehrt, weil er merkt, er hat das Ziel verloren, dem kommt Gott entgegen und bringt ihn zum Ziel. Bei Gerhardt ist es immer ein Ort,
*"da alle Engel ewig, ewig **singen**: »Lobet den Herren!"*

10. Herr, du wirst kommen und all deine Frommen,
die sich bekehren, gnädig dahin bringen,
da alle Engel ewig, ewig singen:
»Lobet den Herren!«
(Text: Paul Gerhardt 1653 Melodie: Johann Crüger 1653)

W+ 70   Mit dir, o Herr die Grenzen überschreiten
EG.E. 26

Das neue Lied hat mit „*Lobe den Herren, alle die ihn ehren*" vieles
gemeinsam. Es endet mit einem Halleluja. Es ruft auch zum Lob
Gottes auf. Aber es setzt andere Akzente.
Weniger der dankbare Blick zurück, eher der hoffnungsvolle Blick
nach vorn ist der Anlass für ein Halleluja. Dem Lob Gottes geht ein
Bitten um „Grenzüberschreitungen", voraus, die nur mit Gottes
Hilfe gelingen können. Der Hauptakzent liegt auf dem Handeln im
Namen Jesu. Eine der wichtigsten Fragen der Gegenwart ist die
gerechte Verteilung des Reichtums in unserer globalen Welt. Teilen
lernen ist schwer, denn es heißt auch verzichten. Die letzte Strophe
spricht es aus:
„*Mit allen Menschen lehre uns zu teilen, so fallen Grenzen, können*
Wunden heilen".
Die Klammer, die alle Christen dieser Welt in ganz
unterschiedlichen Lebensverhältnissen verbindet, wird auch
genannt:
Sie sitzen bei Brot und Wein mit Jesus an einem Tisch und er
beginnt mit dem Teilen: „*Dein Wort und Brot schenkt uns die*
Einigkeit, vom Tod zum Leben hast du uns befreit.".

Die metrisch einfache Struktur der Strophen mit wechselnden
harmonischen Kadenzen am Ende der Verszeilen hat ihre
Entsprechung in einer leicht zu erlernenden melodischen Periode
aus 4+4 Takten. Auch dieses Lied beendet jede Strophe mit einem
„Halleluja, lobet den Herrn!". Diese Worte werden im Refrain
viermal wiederholt und erhalten dadurch besonderes Gewicht.

1. Mit dir, o Herr, die Grenzen überschreiten,
mit deinem Geist die engen Herzen weiten
Herr Jesus Christ, gib uns in deiner Gnad,
dass wir dich ehrn mit Worten und mit Tat.
Refrain *Halleluja! Lobet den Herrn!*

2. *Für Fried und Freud haswt du uns, Herr, geschaffen,*
in deinen Dienst stell alle unsre Gaben.
Versöhnung schenk, wo Menschen sich entzweit,
Hass und Gewalt vertreib aus unsrer Zeit.
Refrain *Halleluja! Lobet den Herrn!*

3. *Du hast am Kreuz die Sünde überwunden*
und uns mit Gott in Liebe neu verbunden.
In deinem Wort und deinem Sakrament
Erkennen wir des Glaubens Fundament-
Refrain *Halleluja! Lobet den Herrn!*

4. *Der Ostersieg erschließt uns neues Leben,*
er lädt uns ein, die Hände hinzugeben
zum Aufbau einer guten, heilen Welt,
in der dein Licht, o Herr, den Weg erhält.
Refrain *Halleluja! Lobet den Herrn!*

5. *Wir bitten dich um deiner Weisheit Stärke.*
Beleb uns, Gott, gib uns die Kraft zum Werke.
Den Glauben mehr´, dass wir dein´ Willen tun.
Lieb, Hoffnung, Mut bestimme unser Tun.
Refrain *Halleluja! Lobet den Herrn!*

6. *Mit allen Menschen lehre uns zu teilen.*
So fallen Grenzen, können Wunden heilen.
Dein Brot und Wein schenkt uns die Einigkeit.
Vom Tod zum Leben hast du uns befreit.
Refrain *Halleluja! Lobet den Herrn!*
(Text und Melodie: Roger Trunk © Strube Verlag München)

7.6.

EG 369   **Wer nur den lieben Gott lässt walten**
W+ 194   **So viele Rätsel**

W+ 192   **Stimme, die Stein zerbricht)**
EG.E. 21
GL 417

EG 369   **Wer nur den lieben Gott lässt walten**
Georg Neumark (1621-1681) wollte die Erfahrung, bei Gott Zuflucht
gefunden zu haben, weitergeben. Er war 19 Jahre alt, als er sich
mitten im Dreißigjährigen Krieg 1640 von Gotha aus aufmachte, um
in Königsberg Jura zu studieren. Seine Reisekutsche mit Kaufleuten
wurde überfallen und vollkommen ausgeplündert. Ohne Geld und
Habe und mit Hilfe anderer Menschen schlug er sich über Hamburg

bis nach Kiel durch, wie er selbst berichtet. Aus Dankbarkeit für seine Anstellung als Hauslehrer bei einem Amtmann in Kiel entstand dieses Lied.

1. Wer nur den lieben Gott lässt walten
und hoffet auf ihn allezeit,
den wird er wunderbar erhalten
in aller Not und Traurigkeit.
Wer Gott, dem Allerhöchsten, traut,
der hat auf keinen Sand gebaut.

2. Was helfen uns die schweren Sorgen,
was hilft uns unser Weh und Ach?
Was hilft es, dass wir alle Morgen
beseufzen unser Ungemach?
Wir machen unser Kreuz und Leid
nur größer durch die Traurigkeit.

3. Man halte nur ein wenig stille
und sei doch in sich selbst vergnügt,
wie unsers Gottes Gnadenwille,
wie sein Allwissenheit es fügt;
Gott, der uns sich hat auserwählt,
der weiß auch sehr wohl, was uns fehlt.

4. Er kennt die rechten Freudenstunden,
er weiß wohl, wann es nützlich sei;
wenn er uns nur hat treu erfunden
und merket keine Heuchelei,
so kommt Gott, eh wir's uns versehn,
und lässet uns viel Guts geschehn.

5. Denk nicht in deiner Drangsalshitze,
dass du von Gott verlassen seist
und dass ihm der im Schoße sitze,
er sich mit stetem Glücke speist.
die Folgezeit verändert viel
und setzet jeglichem sein Ziel.

6. Es sind ja Gott sehr leichte Sachen
und ist dem Höchsten alles gleich:
den Reichen klein und arm zu machen,
den Armen aber groß und reich.

Gott ist der rechte Wundermann,
der bald erhöhn, bald stürzen kann.

7. Sing, bet und geh auf Gottes Wegen,
verricht das Deine nur getreu
und trau des Himmels reichem Segen,
so wird er bei dir werden neu.
Denn welcher seine Zuversicht
auf Gott setzt, den verlässt er nicht.
(Text und Melodie: Georg Neumark (1641) 1657)

Vor Jahren spielte dieses Lied in dem Kult-Film „Vaya con dios"
("Geh mit Gott!" 2002) eine entscheidende Rolle. Er handelt von
einem kleinen, geheimnisvollen Mönchsorden, der sich
"Cantorianer" nennt und der sich dem täglichen, reinen,
mehrstimmigen Singen verschrieben hat. Seine Mitglieder leben
zurückgezogen in einem alten Gemäuer tief in einem Wald. Sie
singen in dem Film u. a. dieses Lied in einem Satz von Johann
Sebastian Bach. Als populäre Filmmusik stieg das Lied in den
nachfolgenden Semestern in die Choral-Hitliste der
Hochschulgottesdienste in der Tübinger Stiftskirche auf und ich
habe es dort sehr oft begleitet. Es wurde durch die positiven
Emotionen, die der Film beim Publikum auslöste, zum Hit. Ohne es
zu wissen, spürte man den Worten an: Hier tröstet dich einer, der
selbst aus einer schwierigen Lage mit Gottes Hilfe befreit wurde:
„Denn welcher seine Zuversicht auf Gott setzt, den verlässt er nicht."

W+ 194   **So viele Rätsel**
Ein Lied von Hans Eugen Ekert (2011), das angesichts eines zu
frühen Todes oder eines Suizids sich traut, den billigen Trost zu
verweigern, ein Lied, das die Klage stehen lässt und auf das
Unfassliche keine fertige Antwort parat hat, sondern Gott nur
bittet: *Halte du uns. Steh uns bei!*
Das Lied wird auf dieselbe Choralmelodie gesungen wie der alte
Choral „Wer nur den lieben Gott lässt walten". Weil das neue Lied
im Gewand dieser alten Melodie erscheint, schimmern die
übermalten Choralworte durch den neuen Text hindurch. Was im
alten Lied auf die Worte „*Wer Gott, dem Allerhöchsten traut, der hat
auf keinen Sand gebaut*" gesungen wird, wird im neuen Lied zum
Refrain mit dem Text: *„Ach, Gott, hörst du den Klageschrei?*
Dann halte du uns. Steh uns bei."

1. So viele Rätsel, so viel Fragen,
so viel Erschrecken, so viel Schmerz-
Leer scheinen Worte, die wir sagen,
leer ist der Kopf schwer ist das Herz.
Ach Gott, hörst du den Klageschrei?
Dann halte du uns, steh uns bei.

2. Wir sind getroffen, wir sind wütend.
Warum? Warum jetzt dieser Tod?
Wir klagen, schweigend, schlaflos brütend;
Wir schreien laut in unsrer Not.
Ach Gott, hörst du den Klageschrei?
Dann halte du uns, steh uns bei.

3. Wie sollen wir in Zukunft leben?
Der Albtraum scheint kein Traum zu sein.
Uns bleibt nichts, als dich herzugeben
Mit Tränen unter größter Pein.
Ach Gott, hörst du den Klageschrei?
Dann halte du uns, steh uns bei.

(Text: Hans-Eugen Ekert 2011 Melodie: Georg Neumark 1641 © Strube Verlag München)

W+ 192   Stimme, die Stein zerbricht
EG.E. 21

Ist Gott da, wenn ich im Finstern sitze? Kann ich ihn hören?
Georg Neumark tröstet und singt:
"Wer seine Zuversicht auf Gott setzt, den verlässt er nicht"
Hans-Eugen Eckert betet: *"Halte du uns steh uns bei!*

Und dieses Lied, das 1990 von Jürgen Henkys aus dem
Französischen übersetzt wurde und dessen Melodie aus Norwegen
stammt, beschreibt Gottes Stimme und lässt sie sagen:
"Hab keine Angst ich bin da!"

1. Stimme, die Stein zerbricht,
kommt mir im Finstern nah,
jemand, der leise spricht:
Hab keine Angst, ich bin da.

2. Sprach schon vor Nacht und Tag,
vor meinem Nein und Ja,
Stimme, die alles trägt:
Hab keine Angst, ich bin da.

3. Bringt mir, wo ich auch sei,
Botschaft des Neubeginns,
nimmt mir die Angst, macht frei,
Stimme, die dein ist: Ich bin's!

4. Wird es dann wieder leer,
teilen die Leere wir.
Seh dich nicht, hör nichts mehr -
und bin nicht bang: Du bist hier.
(Text: Jürgen Henkys 1990 Melodie: Trond Kverno © Strube Verlag München)

Gott ist *„jemand, der leise spricht"*. Wenn wir bitten:
„Sei uns nahe, Gott", antwortet er mit leiser Stimme:
„Hab keine Angst, ich bin da."

Im Alten Testament ist der Name, mit dem sich Gott zu erkennen
gibt, *„Ich bin da"*, und im Neuen Testament ruft Jesus den Jüngern
zu, als er im Seesturm über´s Wasser zu ihnen kommt:
„Habt keine Angst, ich bin's",

Wir können seine Stimme überhören im Konzert der Stimmen, die
täglich auf uns einstürmen. Die Welt ist laut, Gott ist leise. Gott
kann ich nur in der Stille hören. Und er spricht nicht immer, und
wenn die „Leere" zurückkehrt, können wir sagen:
"Ich bin nicht bang: Du bist hier".

8. Gottes Beziehungsweise: Barmherzigkeit

Psalm 25, 6
Gedenke, Herr, an deine Barmherzigkeit,
die von Ewigkeit her gewesen ist.

8.1.

EG 415	**Liebe, du ans Kreuz für uns erhöhte**
W+ 90	**Wir strecken uns nach dir**

Die Begriffe Gott und Barmherzigkeit sind austauschbar:
Gott bzw. Barmherzigkeit. Gott ist ein Erbarmer. Während wir oft
über die Fehler unserer Mitmenschen hart urteilen, eine
Freundschaft zur „Beziehungskiste" wird, wir selbst zum
Mobbingopfer werden oder andere mobben, während wir uns
manchmal selbst nicht leiden können, es bleibt dabei: Gott ist
anders. Gott ist ein „Erbarmer".
Das hebräische Wort „racham" hat außer „Erbarmen" auch die
Bedeutung „Mutterschoß" oder „Gebärmutter". Das Erbarmen
Gottes umgibt uns also wie das Fruchtwasser das ungeborene Kind.

Gottes Barmherzigkeit soll auf unsere Beziehung zu anderen Menschen abfärben.

EG 415   Liebe, du ans Kreuz für uns erhöhte

Wer sich erbarmt, gilt als schwach. Wer angesichts der Flüchtlingskrise sagt: „Wir schaffen das" gilt als weltferner Gutmensch. Wer Mörder begnadigt, setzt das Recht nicht durch. Wer seinen Feinden verzeiht, ist ein „Weichei".

Ist Gott ein „Weichei", wenn er Gnade vor Recht ergehen lässt? In dem Lied von Karl Bernhard Garve (1763-1789) ist das Kreuz ein aufgerichtetes Zeichen der Liebe Gottes zu den Menschen. Sie wird mit einem flammenden Feuer verglichen, das unsere Hart-Herzigkeit in Barm-Herzigkeit verwandeln kann. Es sind Bitten: Gott, der Versöhner mache uns versöhnlich. Gott, der Erbarmer lehre uns das Erbarmen.

Die Melodie stammt von Paul Gerhardts Kantor Johann Crüger und ist fast 180 Jahre älter als das Lied von Karl Bernhard Garve.

1. Liebe, du ans Kreuz für uns erhöhte,
Liebe, die für ihre Mörder flehte,
durch deine Flammen
schmelz in Liebe Herz und Herz zusammen.

2. Du Versöhner, mach auch uns versöhnlich.
Dulder, mach uns dir im Dulden ähnlich,
dass Wort und Taten
wahren Dank für deine Huld verraten.

3. Du Erbarmer, lehr auch uns Erbarmen.
Lehr uns milde sein, du Freund der Armen.
O lehr uns eilen,
liebevoll der Nächsten Not zu teilen.

4. Lehr uns auch der Feinde Bestes suchen;
lehr uns segnen, die uns schmähn und fluchen,
mit deiner Milde.
O gestalt uns dir zum Ebenbilde.

(Text: Karl Bernhard Garve 1825 Melodie: Johann Crüger 1647)

W+ 90   Wir strecken uns nach dir

Den ersten Satz verbinde ich mit dem Ruf: „Aah!" und dem ersten Ausstrecken nach dem morgendlichen Aufstehen. Die Glieder ausstrecken, die Muskeln anspannen, die Lethargie besiegen. Den müden Körper in Schwung bringen, ihn für die Anforderungen des neuen Tages fit machen. Das Lied behält in allen drei Strophen seine einfache Struktur bei. Zuerst kommt, was wir tun:

„Wir strecken uns, wir öffnen uns, wir halten uns zu dir".

Dann folgen verschiedene Namen Gottes:

„In dir wohnt die Lebendigkeit, Barmherzigkeit, die Wahrhaftigkeit, die Gerechtigkeit, die Beständigkeit, die Vollkommenheit".

Der Refrain betet Gott an:

„Du bist, wie du bist. Wie schön sind deine Namen. Halleluja!"
Das Strecken und Öffnen, das Sich-trauen, das Freuen und Sehnen wird durch Aufwärtssprünge in die Sexte zu Beginn jeder Strophenzeile unterstrichen, ebenso auf die Worte *„in dir".* Durch die Reduktion auf wenige Satzglieder ist das Lied schnell zu erlernen und leicht memorierbar, ein typisches Charakteristikum von Popularmusik.

1. Wir strecken uns nach Dir, in Dir wohnt die Lebendigkeit. Wir trauen uns zu Dir in Dir wohnt die Barmherzigkeit. Du bist, wie Du bist. Schön sind Deine Namen. Halleluja, Amen.

2. Wir öffnen uns vor Dir, in Dir wohnt die Wahrhaftigkeit. Wir freuen uns an Dir, in Dir wohnt die Gerechtigkeit. Du bist, wie Du bist...

3. Wir halten uns bei Dir, in Dir wohnt die Beständigkeit. Wir sehnen uns nach Dir, in Dir wohnt die Vollkommenheit. Du bist, wie Du bist....
(Text: Friedrich Karl Barth Musik: Peter Janssens aus: Meine Lieder 1992
© alle Rechte im Peter Janssens Musik Verlag, Telgte- Westfalen)

9. Gottlose Vergesslichkeit Psalm 103, 2
Lobe den Herrn und vergiss nicht, was er dir Gutes getan hat.

9.1.
EG 303   **Lobe den Herren, o meine Seele**
W+ 201   **Vergiss es nie, dass du lebst**

EG 303   **Lobe den Herren, o meine Seele**
Nicht erst das Alter macht vergesslich, auch die Überforderung durch zu viel Multitasking. In aller Geschäftigkeit vergessen wir das Loben. Ab und zu sollten wir in unseren vollen Terminkalender die Frage eintragen: Heute schon gelobt? Fest steht: Nicht nur der, der

von anderen gelobt wird, bekommt neue Energie zum Leben, sondern auch der, der andere oder Gott lobt. Beziehungen werden entgiftet, auch die Beziehung zu Gott. „Nicht geschimpft ist auch gelobt", lautet ein bekanntes schwäbisches Sprichwort. Gott handelt anders. Er verteilt Lob, weil er uns liebt und aufrichten will, wenn wir am Boden liegen. Das Lied des Dichters Johann Daniel Herrnschmidt aus dem Jahr 1714 zu Psalm 146 erinnert daran, aus welchen Gründen wir das "Rühmen" Gottes nicht vergessen sollen. Er beginnt sein Lied mit einem wörtlichen Psalmzitat:

„Lobe den Herren, o meine Seele" (Psalm 146, 1)

Die eigene Seele wird zum Loben ermuntert.
 Das Wort *Seele* wird etymologisch vom Wort "See" abgeleitet und bedeutet „die vom See Herstammende". Wasser ist das Lebenselement unseres Planeten. Die ersten Lebewesen entwickelten sich im Wasser. Die Seele wird nach dieser Deutung also von diesem Lebenselement umgeben wie ein Embryo vom Fruchtwasser. Sie soll Gott loben, *„der Leib und Seel geschaffen hat"*. Das Hallelujasingen im Himmel kann noch warten. „Solang ich noch Stunden auf Erden zähle", soll ich Gott *loben, solang ich lebe.* Der 146. Psalms beginnt ähnlich:

Ich will den HERRN loben, solange ich lebe, und meinem Gott lobsingen, solange ich hier bin.

Das Lied erinnert an die vielfachen Gründe zum Lob Gottes:

1. Lobe den Herren, o meine Seele!
Ich will ihn loben bis in' Tod;
weil ich noch Stunden auf Erden zähle,
will ich lobsingen meinem Gott.
Der Leib und Seel gegeben hat,
werde gepriesen früh und spat.
Halleluja, Halleluja.

Die Textvorlage für die 2. Strophe ist wieder der 146. Psalm:

Verlasst euch nicht auf Fürsten; sie sind Menschen, die können ja nicht helfen. Denn des Menschen Geist muss davon, und er muss wieder zu Erde werden; alsdann sind verloren   alle seine Anschläge. Wohl dem, des Hilfe der Gott Jakobs ist; dessen Hoffnung auf den HERRN, seinem Gott, steht (Psalm 146, 3)

Machthaber sind auch nur sterbliche Menschen. Ihre Macht endet einmal. Sie werden zu Staub.

2. Fürsten sind Menschen, vom Weib geboren,
und kehren um zu ihrem Staub;
ihre Anschläge sind auch verloren,
wenn nun das Grab nimmt seinen Raub.
Weil denn kein Mensch uns helfen kann,
rufe man Gott um Hilfe an.
Halleluja, Halleluja.

Psalm 146: *3 Verlasset euch nicht auf Fürsten; sie sind Menschen, die können ja nicht helfen. 4 Denn des Menschen Geist muss davon, / und er muss wieder zu Erde werden; dann sind verloren alle seine Pläne.*

Glücklich wird nur der Mensch, der sich auf den Ursprung allen Seins verlässt, auf einen Gott, der schon Jakob geholfen hat.

3. Selig, ja selig ist der zu nennen,
*dess Hilfe **der Gott Jakobs** ist,*
welcher vom Glauben sich nicht lässt trennen
und hofft getrost auf Jesus Christ.
Wer diesen Herrn zum Beistand hat,
findet am besten Rat und Tat.
Halleluja, Halleluja.

Psalm 146: 5 Wohl dem, dessen Hilfe der Gott Jakobs ist, der seine Hoffnung setzt auf den HERRN, seinen Gott, 6 der Himmel und Erde gemacht hat, das Meer und alles, was darinnen ist; der Treue hält ewiglich.

Es geht um den "Gott Jakobs". In 1. Mose 28, 12-15 steht die Geschichte von der Jakobsleiter, die Himmel und Erde verbindet:

Und Jakob träumte, und siehe, eine Leiter stand auf Erden, die rührte mit der Spitze an den Himmel, und siehe, die Engel Gottes stiegen daran auf und nieder. Und der Herr stand oben darauf und sprach: Ich bin der Herr, der Gott deines Vaters Abraham, und Isaaks Gott; das Land, darauf du liegst, will ich dir und deinen Nachkommen geben. Und dein Geschlecht soll werden wie der Staub auf Erden, und du sollst ausgebreitet werden gegen Westen und Osten, Norden und Süden, und durch dich und deine Nachkommen sollen alle Geschlechter auf Erden gesegnet werden. Und siehe, ich bin mit dir und will dich behüten, wo du hinziehst, und will dich wieder herbringen in dies Land. Denn ich will dich nicht verlassen, bis ich alles tue, was ich dir zugesagt habe.

Auf diesen Gott Jakobs als Beistand beruft sich der Dichter. Der Gott, der alle Dinge, die sichtbaren und die unsichtbaren geschaffen hat, der Gott, der das Wunder des Lebens in diesem unermesslichen Weltall entstehen ließ, dieser Gott wird gelobt. Die folgenden Strophen lehnen sich weiterhin dicht an den Wortlaut des 146. Psalms an:

4. Dieser hat Himmel, Meer und die Erden
und was darinnen ist gemacht;
alles muss pünktlich erfüllet werden,
was er uns einmal zugedacht.
Er ist's, der Herrscher aller Welt,
welcher uns ewig Treue hält.
Halleluja, Halleluja.

Psalm 146,6 : Es ist der Herr, der Himmel, Erde, Meer und alles, was darinnen ist, gemacht hat; der Glauben hält ewiglich.

5. Zeigen sich welche, die Unrecht leiden,
er ist's, der ihnen Recht verschafft;
Hungrigen will er zur Speis bereiten,
was ihnen dient zur Lebenskraft;
die hart Gebundnen macht er frei,
und seine Gnad ist mancherlei.
Halleluja, Halleluja.

Psalm 146: 7 Der Recht schafft denen, die Gewalt leiden, der die Hungrigen speiset. Der HERR macht die Gefangenen frei.

Und weiter dichtet Herrnschmidt entlang des 146. Psalms:
6. Sehende Augen gibt er den Blinden,
erhebt, die tief gebeuget gehn;
wo er kann einige Fromme finden,
die lässt er seine Liebe sehn.
Sein Aufsicht ist des Fremden Trutz,
Witwen und Waisen hält er Schutz.
Halleluja, Halleluja.

Psalm 146: 8 Der HERR macht die Blinden sehend. Der HERR richtet auf, die niedergeschlagen sind. Der HERR liebt die Gerechten. 9 Der HERR behütet die Fremdlinge / und erhält Waisen und Witwen.

Diejenigen, die Gott vergessen, die „*Gottvergessnen*", werden nicht von Gott gerichtet, sondern sie „*fallen selbst in ihren Strick*", d.h., sie sprechen sich durch ihr Handeln ihr eigenes Urteil.

7. Aber der Gottesvergessnen Tritte
kehrt er mit starker Hand zurück,
dass sie nur machen verkehrte Schritte
und fallen selbst in ihren Strick.
Der Herr ist König ewiglich;
Zion, dein Gott sorgt stets für dich.
Halleluja, Halleluja.

Psalm 146: aber die Gottlosen führt er in die Irre. 10 Der HERR ist König ewiglich,
dein Gott, Zion, für und für. Halleluja!

Jede Strophe des Liedes und der Psalm münden in ein Halleluja:
Der HERR ist König ewiglich, dein Gott, Zion, für und für. Halleluja.
Die Schlussstrophe des Liedes ist ein einziges, mitreißendes
Halleluja mit einem Lob des dreifaltigen Gottes

8. Rühmet, ihr Menschen, den hohen Namen
des, der so große Wunder tut.
Alles, was Odem hat, rufe Amen
und bringe Lob mit frohem Mut.
Ihr Kinder Gottes, lobt und preist
Vater und Sohn und Heilgen Geist!
Halleluja, Halleluja.
(Text: Johann Daniel Herrnschmidt 1714 Melodie: Ansbach 1764/65 Halle 1714)

Das Lied in der Barform (Stollen-Stollen-Abgesang) besitzt eine
tänzerische, eingängige Melodie im schwingenden Dreiertakt. Ihr
Grundton g liegt in der Mitte des Melodieumfangs und schlägt von
dort bis zum c´´ nach oben und zum d´ nach unten aus, bevor sie im
Grundton endet. Das abwechslungsreiche Versmaß, eine Mischung
aus Daktylen und Trochäen, weiblichen und männlichen Endungen,
erzeugt einen abwechslungsreichen Rhythmus. Kein Zeilenende
(Kadenz) gleicht rhythmisch und melodisch dem anderen.

W+ 201 Vergiss es nie, dass du lebst

Auch hier geht um das Vergessen. Wir vergessen Gott, weil wir uns
zuallererst darum kümmern, dass w i r nicht vergessen werden. Wir
freuen uns, wenn jemand zu uns sagt: „Schön, dass es **dich** gibt".
Diese Redensart gibt es auch in der Umkehrung: „Schön, dass es
mich gibt". Beide Sätze gehören zusammen. Denn nur, wer zu sich
sagen kann „schön, dass es **mich** gibt", wird auch zu anderen sagen
können: „Schön, dass es **dich** gibt". Das Staunen darüber, dass es
mich in meiner individuellen Eigenart überhaupt gibt, soll ich nicht
vergessen. Ich soll aber auch nicht vergessen, dass ich mein Da-Sein

Gott verdanke: *Vergiss es nie, dass du lebst, war keine eigene Idee!*
Mein Leben ist ein Geschenk Gottes an mich. Ich bin gewollt, ich bin
einmalig. Es ist die Liebe Gottes zu uns, die uns ein starkes
Selbstvertrauen verleihen kann. Selbst wenn wir von Menschen
vergessen werden, Gott vergisst uns nicht, sondern sagt zu uns:
„Schön, dass es dich gibt". Gottes Liebe verlangt keine
Vorleistungen. Wer darauf vertraut, gewinnt Selbstvertrauen. Wir
sind nicht Kinder des Zufalls, sondern unsere Existenz ist ein
einmaliges Wunder. Daran erinnert das Lied.

1. Vergiss es nie: Dass du lebst, war keine eigene Idee,
Und dass du atmest, kein Entschluss von dir.
Vergiss es nie: Dass du lebst, war eines anderen Idee,
Und dass du atmest, sein Geschenk an dich.
Refrain:
Du bist gewollt, kein Kind des Zufalls, keine Laune der Natur,
Ganz egal ob du dein Lebenslied in Moll singst oder Dur.
Du bist ein Gedanke Gottes, ein genialer noch dazu.
Du bist du... Das ist der Clou, ja der Clou: Ja, du bist du.

2. Vergiss es nie: Niemand denkt und fühlt und handelt so wie du,
Und niemand lächelt so, wie du's grad tust.
Vergiss es nie: Niemand sieht den Himmel ganz genau wie du,
Und niemand hat je, was du weißt, gewusst.
Refrain

3. Vergiss es nie: Dein Gesicht hat niemand sonst auf dieser Welt,
Und solche Augen hast alleine du.
Vergiss es nie: Du bist reich, egal ob mit, ob ohne Geld,
Denn du kannst leben! Niemand lebt wie du.
Refrain
(Originaltitel: I got you, Text und Musik: Paul Janz, dt. Text: Jürgen Werth
© *1976 New Spring Publishing Inc. Für D,A, C, H Smal Stone Media Germany GmbH)*

10. Bange Nacht und stille Kammer

Psalm 63, 2.7.

Gott, du bist mein Gott, den ich suche. Es dürstet meine Seele nach dir. Wenn ich zu Bette liege, so denke ich an dich, wenn ich wach liege, sinne ich über dich nach."

10.1.

EG 482	**Der Mond ist aufgegangen**
W+ 16/ EGWü 673	**Der Abend kommt**

EG 482   **Der Mond ist aufgegangen**

Matthias Claudius schildert in seinem zum Volkslied gewordenen Abendlied von 1779 eine stille Mondnacht. Die Nacht ist kein Ort der Dunkelheit und der Angst, wie in vielen anderen Abendliedern, sondern eine „stille Kammer, da ihr des Tages Jammer verschlafen und vergessen sollt".

1. Der Mond ist aufgegangen,
die goldnen Sternlein prangen
am Himmel hell und klar.
Der Wald steht schwarz und schweiget,
und aus den Wiesen steiget
der weiße Nebel wunderbar.

2. Wie ist die Welt so stille
und in der Dämmrung Hülle
so traulich und so hold
als eine stille Kammer,
wo ihr des Tages Jammer
verschlafen und vergessen sollt.

Der nur halb zu sehende Mond wird zum Gleichnis für die Begrenztheit der menschlichen Vernunft. Eine geniale Idee, dass er die Naturwissenschaft bemüht, um den aufgeklärten Zeitgenossen klarzumachen, dass etwas existieren kann, auch wenn man es nicht sieht.

3. Seht ihr den Mond dort stehen?
Er ist nur halb zu sehen
und ist doch rund und schön.
So sind wohl manche Sachen,
die wir getrost belachen,
weil unsre Augen sie nicht sehn.

Claudius schleudert dem „aufgeklärten" Menschen seiner Zeit die provozierenden Sätze entgegen:

4. Wir stolzen Menschenkinder
sind eitel arme Sünder
und wissen gar nicht viel.
Wir spinnen Luftgespinste
und suchen viele Künste
und kommen weiter von dem Ziel.

Daraus folgert Claudius: Menschenwerk ist vergänglich, Gott aber als Schöpfer des Sichtbaren und des Unsichtbaren ist ewig. Claudius betont, wer auf „eitle", das heißt auf vergängliche, nichtige Dinge setzt, verplempert seine wertvolle Lebenszeit. Im Sinne von Claudius heißt „einfältig werden" nicht infantil werden, sondern auszuprobieren, ob aus einem Weniger nicht ein Mehr an Lebensqualität werden könnte.

5. Gott, lass dein Heil uns schauen,
auf nichts Vergänglichs trauen,
nicht Eitelkeit uns freun;
lass uns einfältig werden
und vor dir hier auf Erden
wie Kinder fromm und fröhlich sein.

Der Schlaf ist ihm auch ein Sinnbild für den Tod, eine Erinnerung an das eigene Sterben.

6. Wollst endlich sonder Grämen
aus dieser Welt uns nehmen
durch einen sanften Tod;
und wenn du uns genommen,
lass uns in' Himmel kommen,
du unser Herr und unser Gott.

Mit diesen Gedanken werden wir uns in „Gottes Namen niederlegen" und um einen ruhigen Schlaf bitten können, auch für den kranken Nachbarn.

7. So legt euch denn, ihr Brüder,
in Gottes Namen nieder;
kalt ist der Abendhauch.
Verschon uns, Gott, mit Strafen
und lass uns ruhig schlafen.
und unsern kranken Nachbarn auch!
(Text: Matthias Claudius 1779 Melodie: Johann Abraham Peter Schulz 1790)

W+ 16   Der Abend kommt
EG Wü 673
Das Abendlied von Jörg Zink (1922-2016) betont eine andere
Erfahrung von Nacht: „Die Nacht ist bang". Anders als bei Claudius
ist sie nicht „eine stille Kammer, da ihr des Tages Jammer
verschlafen und vergessen sollt". Bei Jörg Zink ist die Nacht „tief"
und „bang". Denn nachts steigt das Verdrängte des Tages hoch und
kann uns den Schlaf rauben: Streit, eigenes Versagen, Kriege,
Hunger und schlimme Nachrichten aus aller Welt. Dunkle
Gedanken können „unser Herz gefangen halten". Trotzdem gilt: Der
Nacht wird ein Morgen folgen. „Es kommt dein Morgen" beginnt
die letzte Strophe. Diese Aussicht wird zum Trost und lässt uns
Schlaf finden.

1. Der Abend kommt.
Nun enden unsere Wege
Du Herr der Stille
Deinen Frieden lege
auf unser Haus und auf das dunkle Land,
und laß uns ruhn in deiner guten Hand.

*2. **Die Nacht ist tief.***
Sie hält das Herz gefangen.
Wo wir auf dunklen Wegen irrgegangen,
führ du uns selbst, dass neu dein Tag beginnt,
und wir von deinem Licht durchdrungen sind.

*3. **Die Nacht ist bang.***
Gib uns, dass Frieden werde.
Sieh diese arme, leidzerrissne Erde.
Du Gott des Friedens, ende allen Streit.
Mach uns zu Friedensboten dieser Zeit.

*4. **Es kommt dein Morgen.***
Bleib mit deiner Güte
bei allen Menschen. Schütze und behüte,
was du erschaffen, bis dein Tag anbricht,
und wir dich schaun, dich und dein helles Licht.
(T: Jörg Zink 1992 M: Hans-Jürgen Hufeisen 1992 © dolce musica edizione, Zürich)

11. Früchte

1. Kor. 13,13
Nun aber bleiben Glaube, Hoffnung, Liebe, diese drei; aber die Liebe ist die größte unter ihnen.

Der Liedermacher Wolf Biermann verlor nach eigener Aussage seinen Kinderglauben an den Kommunismus. Er glaube nicht an Gott, er glaube aber an Glaube, Liebe Hoffnung. Sein Glaube sei noch viel verrückter: Er glaube an den Menschen.
(Wolf Biermann: „Mensch Gott" 2021)

Glaube ich auch an den Menschen oder glaube ich an einen Gott, der Mensch wird? Und was ist der feine Unterschied? Die beiden folgenden Lieder sind der Versuch, eine Antwort auf diese Frage zu finden.

11.1.
EG 358   **Es kennt der Herr die Seinen**
W+ 213   **Wenn Glaube bei uns einzieht**

EG 358   **Es kennt der Herr die Seinen**
Der Dreiklang aus Glaube, Hoffnung und Liebe ist für Paulus im Korintherbrief das Kennzeichen von Christen. Aber selbst Paulus wusste, dass wir immer wieder zu wenig glauben, zu wenig lieben, zu wenig hoffen. Allein an den Menschen zu glauben, war ihm deswegen zu wenig. Der erste Satz des Liedes enthält den Schlüssel, ohne den das Lied lediglich eine steile Forderung bliebe:
„Es kennt **der Herr** die Seinen".

Es geht nicht allein um die Anerkennung und die Beurteilung durch andere Menschen. Da fallen auch Christen oft „gnadenlos" durch. Vor Gott ist das anders. Denn Gott „kennt" uns. Petrus hat geweint über seinen Verrat, als er leugnete, ein Jünger Jesu zu sein. Und trotzdem vertraute ihm Jesus sein Vermächtnis an. Nicht was wir vor den Menschen, was wir vor Gott sind, ist entscheidend. Sein Urteil ist gnädiger als unser eigenes, denn er ist barmherziger als wir. Dass wir überhaupt glauben, hoffen, lieben können, ist „seiner Gnade Werk", sagt das Lied. Ein Glaube der *„nicht schaut und doch dem Unsichtbaren vertraut"*, eine Hoffnung, *„die fröhlich auf dem* einen, dass er der Herr ist, ruht", und eine Liebe, „die andern so begegnet, wie er das Herz bewegt" sind nach Spitta die Zeichen, an denen Gott seine Gemeinde erkennt.

1. Es kennt der Herr die Seinen
und hat sie stets gekannt,
die Großen und die Kleinen
in jedem Volk und Land;
er lässt sie nicht verderben,
er führt sie aus und ein,
im Leben und im Sterben
sind sie und bleiben sein.

2. Er kennet seine Scharen
am Glauben, der nicht schaut
und doch dem Unsichtbaren,
als säh er ihn, vertraut;
der aus dem Wort gezeuget
und durch das Wort sich nährt
und vor dem Wort sich beuget
und mit dem Wort sich wehrt.

3. Er kennt sie als die Seinen
an ihrer Hoffnung Mut,
die fröhlich auf dem einen,
dass er der Herr ist, ruht,
in seiner Wahrheit Glanze
sich sonnet frei und kühn,
die wunderbare Pflanze,
die immerdar ist grün.

4. Er kennt sie an der Liebe,
die seiner Liebe Frucht
und die mit lauterm Triebe
ihm zu gefallen sucht,
die andern so begegnet,
wie er das Herz bewegt,
die segnet, wie er segnet,
und trägt, wie er sie trägt.

5. So kennt der Herr die Seinen,
wie er sie stets gekannt,
die Großen und die Kleinen
in jedem Volk und Land
am Werk der Gnadentriebe
durch seines Geistes Stärk,

an Glauben, Hoffnung, Liebe
als seiner Gnade Werk.

6. So hilf uns, Herr, zum Glauben
und halt uns fest dabei;
lass nichts die Hoffnung rauben;
die Liebe herzlich sei!
Und wird der Tag erscheinen,
da dich die Welt wird sehn,
so lass uns als die Deinen
zu deiner Rechten stehn.
(Text: Philipp Spitta 1843 Melodie: Heinrich Schütz 1628))

W+ 213   Wenn Glaube bei uns einzieht

An den Dreiklang von „Glaube-Hoffnung-Liebe" erinnert auch das
Lied von Martina Wittkowski mit der Melodie von Ralf Grössler:

*1. Wenn **Glaube** bei uns einzieht,*
öffnet sich der Horizont.
Wir fangen an zu leben, weil der Himmel bei uns wohnt.
*Wenn **Glaube** bei uns einzieht,*
öffnet sich der Horizont.
Wir fangen an zu leben, weil der Himmel bei uns wohnt.
*Wenn **Liebe** bei uns einzieht,*
öffnet sich der Horizont.
Wir fangen an zu leben, weil der Himmel bei uns wohnt.
*Wenn **Liebe** bei uns einzieht,*
öffnet sich der Horizont.
Wir fangen an zu leben, weil der Himmel bei uns wohnt.
*Wenn **Hoffnung** bei uns einzieht,*
öffnet sich der Horizont.
Wir fangen an zu leben, weil der Himmel bei uns wohnt.
*Wenn **Hoffnung** bei uns einzieht,*
öffnet sich der Horizont.
Wir fangen an zu leben, weil der Himmel bei uns wohnt.
(Text: Martina Wittkowski Melodie: Ralf Grössler 2004 © Strube Verlag München)

Glaube-Hoffnung- Liebe sind in diesem neuen Lied weniger
Kennzeichen als Verheißung für ein gelingendes Leben. Mit ihnen
kommt der Himmel auf die Erde.

Der Text wird in jeder Strophe zweimal gesungen. Die eingängige
Melodie ist eine 16-taktige Periode aus 8-taktigem Vorder- und
variiertem 8-taktigem Nachsatz. Durch wenig Text und viel
Wiederholung entsteht eine Atmosphäre der Meditation.

12. Gott in 3D

Römer 11, 33

O welch eine Tiefe des Reichtums, beides, der Weisheit und der Erkenntnis Gottes. Denn von ihm und durch ihn und zu ihm sind alle Dinge. Ihm sei Ehre in Ewigkeit.

Im Psalm 31 steht: *Du stellst meine Füße auf weiten Raum.*
Der trinitarische Gott öffnet für mich einen weiten, dreidimensionalen Raum, in die Höhe als Schöpfer, in die Tiefe als Mensch in Jesus Christus und in die Breite als Geist der Liebe.
Mit den Worten Martin Luthers aus seiner Schrift „Von der Freiheit eines Christenmenschen" (1520) klingt das so:

*Aus dem allem folget der Beschluß, das ein Christenmensch lebt nicht in sich selbst, sondern **in Christo und seinem Nächsten**, in Christo durch den Glauben, im Nächsten durch die Liebe;*
*durch den Glauben **fähret er über sich in Gott**, aus Gott fähret er wieder unter sich durch die Liebe, und bleibt doch immer **in Gott und göttlicher Liebe**, gleich wie Christus sagt, Johann. 1:» Ihr werdet noch sehen den Himmel offen stehen und die Engel auf- und absteigen über den Sohn des Menschen.« Siehe, das ist die rechte, geistliche, christliche Freiheit, die das Herz frei macht von allen*
Sünden, Gesetzen und Geboten, welche alle andere Freiheit übertrifft wie der Himmel die Erde. Das gebe uns Gott, daß wir diese Freiheit recht verstehen und behalten. Amen.
(Martin Luther: De libertate christiana: 30 Thesen gegen die päpstliche Bannandrohungsbulle, „Zum dreißigsten" 1520)

Viele Lieder schließen mit dem Lob auf Gott als Vater, Sohn und Heiliger Geist, wie in der Liturgie auch die Psalmen mit dem „Ehr´ sei dem Vater und dem Sohn und dem Heiligen Geist" abgeschlossen werden.

12.1.　　　　Am Ende dreimal Gott

EG 1/ GL 218	**Macht hoch die Tür**
EG 100	**Wir wollen alle fröhlich sein**
EG 321	**Nun danket alle Gott**
EG 155	**Herr Jesu Christ, dich zu uns wend**

EG 1　　　　Macht hoch die Tür

Dieses Lied von Georg Weissel (1590-1635), Pfarrer im ostpreußischen Königsberg, eröffnet das Evangelische Gesangbuch.

1. *Macht hoch die Tür, die Tor macht weit;*
es kommt der Herr der Herrlichkeit,
ein König aller Königreich,
ein Heiland aller Welt zugleich,
der Heil und Leben mit sich bringt;
derhalben jauchzt, mit Freuden singt:
Gelobet sei mein Gott, mein Schöpfer reich von Rat. (Ps 24,7-102)

2. *Er ist gerecht, ein Helfer wert;*
Sanftmütigkeit ist sein Gefährt,
sein Königskron ist Heiligkeit,
sein Zepter ist Barmherzigkeit;
all unsre Not zum End er bringt,
derhalben jauchzt, mit Freuden singt:
Gelobet sei mein Gott, mein Heiland groß von Tat.

3. *O wohl dem Land, o wohl der Stadt,*
so diesen König bei sich hat.
Wohl allen Herzen insgemein,
da dieser König ziehet ein.
Er ist die rechte Freudensonn,
bringt mit sich lauter Freud und Wonn.
Gelobet sei mein Gott, mein Tröster früh und spat.

4. *Macht hoch die Tür, die Tor macht weit,*
eu'r Herz zum Tempel zubereit'.
Die Zweiglein der Gottseligkeit
steckt auf mit Andacht, Lust und Freud;
so kommt der König auch zu euch,
ja, Heil und Leben mit zugleich.
Gelobet sei mein Gott, voll Rat, voll Tat, voll Gnad.

5. *Komm, o mein Heiland Jesu Christ,*
meins Herzens Tür dir offen ist.
Ach zieh mit deiner Gnade ein;
dein Freundlichkeit auch uns erschein.
Dein Heilger Geist uns führ und leit
den Weg zur ewgen Seligkeit.
Dem Namen dein, o Herr, sei ewig Preis und Ehr.

Die Schlusszeilen der ersten 3 Strophen loben die Dreifaltigkeit
Gottes als Schöpfer, als Heiland als Tröster (Heiliger Geist):

„Gelobet sei mein Gott, mein **Schöpfer**, reich von Rat."
„Gelobet sei mein Gott, mein **Heiland** groß von Tat."
„Gelobet sei mein Gott, mein **Tröster** früh und spat."

Die 4. Strophe fasst die Dreifaltigkeit Gottes zusammen:
„Gelobet sei mein Gott, voll Rat, voll Tat, voll Gnad."

Drei weitere Beispiele:

EG 100   **Wir wollen alle fröhlich sein**
1. Wir wollen alle fröhlich sein
in dieser österlichen Zeit;
denn unser Heil hat Gott bereit'.
Halleluja, Halleluja, Halleluja, Halleluja,
gelobt sei Christus, Marien Sohn.
(Text: Str. 1 Medingen um 1380)

EG 321   **Nun danket alle Gott**
3. Lob, Ehr und Preis sei Gott
dem Vater und dem Sohne
und Gott dem Heilgen Geist
im höchsten Himmelsthrone,
ihm, dem dreiein'gen Gott,
wie es im Anfang war
und ist und bleiben wird
so jetzt und immerdar.
(Text: Martin Rinckart 1636)

EG 155   **Herr Jesu Christ, dich zu uns wend:**
4. Ehr sei dem Vater und dem Sohn,
dem Heilgen Geist in einem Thron;
der Heiligen Dreieinigkeit
sei Lob und Preis in Ewigkeit.
(Text: Wilhelm II. von Sachsen-Weimar (?) 1648; Str.4 Gotha 1651)

Lieder zum Sonntag nach Pfingsten, dem Trinitatisfest, entfalten das
Thema „Gott in 3D" ausführlicher:

12. 2.

EG 140   **Brunn allen Heils**
W+ 158   **Ich sage Ja zu dem, der mich erschuf**
EG.E.10
EG 140   **Brunn allen Heils**

Der Psalm 65 spricht von „Gottes Brünnlein, das Wasser in Fülle
hat" und im Johannesevangelium sagt Jesus von sich: „Wer an mich
glaubt, von dess´ Leib werden Ströme lebendigen Wassers fließen."
(Joh. 7,38). Das Bild von Gott als dem „Brunn des Heils" lehnt sich
an diese Bibelworte an. Das Lied richtet eine Reihe von Bitten an
Gott. In den Strophen 2 bis 4 werden Gott drei Attribute zugeschrie-
ben, dieselben wie in den Schlusszeilen des Adventsliedes
„Macht hoch die Tür": Schöpfer, Heiland und Tröster.
Gott in 3D. Gott dreidimensional. Er erscheint als „Gott Vater, Sohn
und Heilger Geist" in der Schlussstrophe.

1. Brunn alles Heils, dich ehren wir
und öffnen unsern Mund vor dir;
aus deiner Gottheit Heiligtum
dein hoher Segen auf uns komm.

2. Der Herr, der Schöpfer, bei uns bleib,
er segne uns nach Seel und Leib,
und uns behüte seine Macht
vor allem Übel Tag und Nacht.

3. Der Herr, der Heiland, unser Licht,
uns leuchten lass sein Angesicht,
dass wir ihn schaun und glauben frei,
dass er uns ewig gnädig sei.

4. Der Herr, der Tröster, ob uns schweb,
sein Antlitz über uns erheb,
dass uns sein Bild werd eingedrückt,
und geb uns Frieden unverrückt.

5. Gott Vater, Sohn und Heilger Geist,
o Segensbrunn, der ewig fließt:
durchfließ Herz, Sinn und Wandel wohl,
mach uns deins Lobs und Segens voll!
(Text: Gerhard Tersteegen 1745 Melodie: Claude Goudimel 1565)

W+ 158   Ich sage Ja zu dem, der mich erschuf

Dieses Lied ist kein Bittgebet, sondern ein Credo: *„Ich sage ja zu dem, der mich erschuf". „Ich sage Ja zu dem, der uns gesandt". „Ich sage Ja zu Gottes gutem Geist".*

1. Ich sage Ja zu dem, der mich erschuf.
Ich sage Ja zu seinem Wort und Ruf,
zum Lebensgrund und Schöpfer dieser Welt,
und der auch mich in seinen Händen hält.
und der auch mich in seinen Händen hält.

2. Ich sage ja zu dem, der uns gesandt
Und aus dem Tod zum Leben auferstand
Und so trotz Hass, Gewalt und Menschenlist
Für uns zum Freund und Bruder worden ist.

*3. Ich sage Ja **zu Gottes gutem Geist**,*
zum Weg der Liebe, die er uns verheißt,
zu wagen Frieden und Gerechtigkeit
in einer Welt voll Hunger, Angst und Leid.

Konzentrierter kann man ein christliches Glaubensbekenntnis kaum formulieren, als es in diesem zeitgenössischen Credolied geschieht. Aus dem Wort Credo, "ich glaube", wird: Ich sage ja. Wer ja sagt, hat die Wahl: er kann auch nein sagen. Der Versuch hat seinen Reiz, das Wort Ja im ganzen Lied durch ein Nein zu ersetzen, um zu merken, auf was man sich dann einlässt. Wer Ja sagt, der vertraut auch auf Gottes unbedingtes Ja zu mir. Ja, meine Existenz ist gewollt und ich bin im wahrsten Sinn des Wortes einmalig. In den Zeichenhandlungen (Sakramente) Taufe und Abendmahl wird sichtbar: Gott sagt *Ja und Amen* zu mir und zu jedem Menschen:

4. Ich sage Ja zu Wasser, Kelch und Brot,
Wegzehrung, Zeichen, Zuspruch in der Not.
Ich sage Ja und Amen, weil gewiss
Ein andres Amen schon gesprochen ist.
(Text und Melodie: Okko Herlyn 2013 © tvd-Verlag Düsseldorf)

13. Mit geschlossenen Augen

Psalm 62, 2

Meine Seele ist stille zu Gott, der mir hilft.

13.1.

EG 165   **Gott ist gegenwärtig**
W+ 60   **In der Stille angekommen**

EG 165   **Gott ist gegenwärtig**

Der pietistische Mystiker Gerhard Tersteegen (1697-1769) wirbt in seinem Lied für eine Haltung des Sich-Versenkens und des Empfangens, um die Gegenwart Gottes unmittelbar zu spüren. „Ich in dir, du in mir". Gott wird für den Mystiker in der Versenkung, in der Stille gegenwärtig, wenn „alles in uns schweigt" und nur die Bitte übrigbleibt: „Lass **mich** ganz verschwinden, **dich** nur sehn und finden". Mystiker aller Religionen haben diese Erfahrung beschrieben. Mystik leitet sich vom griechischen Verb „myein" *(μύειν)* ab. Es bedeutet: Augen und Mund schließen. Wer die Augen schließt und schweigt, sieht nach innen. Der dänische Philosoph Sören Kierkegaard hat dieses Schweigen in seinen erbaulichen Reden eindrücklich beschrieben:

Denn es ist zwar die Sprache, die den Menschen vor den Tieren auszeichnet und wenn man will noch viel mehr vor der Lilie. Aber deswegen kann Schweigen doch eine Kunst sein und keine geringe Kunst. Ja, gerade weil der Mensch reden kann, deswegen ist Schweigen eine Kunst, und gerade weil sein Vorzug ihn so leicht versucht, ist Schweigen eine große Kunst. Aber das kann man von den verschwiegenen Lehrmeistern lernen, von der Lilie und dem Vogel... Der Anfang ist die Kunst still zu werden; denn still zu sein, wie die Natur es ist, das ist keine Kunst. Und so in tiefstem Sinn still zu werden, still vor Gott, das ist der Anfang der Gottesfurcht; denn wie die Furcht Gottes der Weisheit Anfang ist, so ist Stille sein der Gottesfurcht Anfang. Und wie Furcht Gottes mehr ist als Anfang der Weisheit, selbst Weisheit ist, so ist Stille sein mehr als Anfang der Gottesfurcht, ist selbst Gottesfurcht. In diesem Schweigen verstummen gottesfürchtig die vielen Gedanken des Wünschens und Begehrens...
Dieses Stillesein kannst Du bei Lilie und Vogel lernen. Ihr Stillesein ist freilich keine Kunst, aber wenn Du stille wirst wie Lilie und Vogel, so beginnst Du zuerst Gottes Reich zu suchen.
(Sören Kierkegaard. „Die Lilien auf dem Felde" aus den erbaulichen Reden I (1843)

Was ist Freude und wann ist man froh ? Wenn man sich selbst in
Wahrheit gegenwärtig ist. Daß man ist, heute ist, das ist die Freude.
Sie ist ganz und gar in der gegenwärtigen Zeit. Deshalb ist Gott selig,
Er, der ewig sagt:»heute«; er der ewig und unendlich sich selbst
gegenwärtig ist und ewig von sich sagt: ich bin.
(Sören Kierkegaard „Die Lilien auf dem Felde“ aus den erbaulichen Reden III, 1843)

1. Gott ist gegenwärtig.
Lasset uns anbeten
und in Ehrfurcht vor ihn treten.
Gott ist in der Mitte.
Alles in uns schweige
und sich innigst vor ihm beuge.
Wer ihn kennt,
wer ihn nennt,
schlag die Augen nieder;
kommt, ergebt euch wieder.

2. Gott ist gegenwärtig,
dem die Cherubinen
Tag und Nacht gebücket dienen.
Heilig, heilig, heilig!
singen ihm zur Ehre
aller Engel hohe Chöre.
Herr, vernimm
unsre Stimm,
da auch wir Geringen
unsre Opfer bringen.

3. Wir entsagen willig
allen Eitelkeiten,
aller Erdenlust und Freuden;
da liegt unser Wille,
Seele, Leib und Leben
dir zum Eigentum ergeben.
Du allein
sollst es sein,
unser Gott und Herre,
dir gebührt die Ehre.

4. Majestätisch Wesen,
möcht ich recht dich preisen
und im Geist dir Dienst erweisen.

möcht ich wie die Engel
immer vor dir stehen
und dich gegenwärtig sehen.
Lass mich dir
für und für
trachten zu gefallen,
liebster Gott, in allem.

5. Luft, die alles füllet,
drin wir immer schweben,
aller Dinge Grund und Leben,
Meer ohn Grund und Ende,
Wunder aller Wunder:
ich senk mich in dich hinunter.
Ich in dir,
du in mir,
lass mich ganz verschwinden,
dich nur sehn und finden.

6. Du durchdringest alles;
lass dein schönstes Lichte,
Herr, berühren mein Gesichte.
Wie die zarten Blumen
willig sich entfalten
und der Sonne stille halten,
lass mich so
still und froh
deine Strahlen fassen
und dich wirken lassen.

7. Mache mich einfältig,
innig, abgeschieden,
sanft und still in deinem Frieden;
mach mich reines Herzens,
dass ich deine Klarheit
schauen mag in Geist und Wahrheit;
lass mein Herz überwärts
wie ein' Adler schweben
und in dir nur leben.

8. Herr, komm in mir wohnen,
lass mein' Geist auf Erden
dir ein Heiligtum noch werden;

komm, du nahes Wesen,
dich in mir verkläre,
dass ich dich stets lieb und ehre.
Wo ich geh,
sitz und steh,
lass mich dich erblicken
und vor dir mich bücken.
(Text: Gerhard Tersteegen 1729 Melodie: Joachim Neander 1680)

Die Melodie in Barform (A-A-B) verläuft in Halbenoten. Auffällig ist die breite Dehnung am Beginn des Abgesangs, die die beiden Kurzzeilen in jeder Strophe besonders nachdrücklich hervorhebt, z. B. in der 1. Strophe: „Wer ihn kennt, wer ihn nennt", oder in der fünften Strophe: „Ich in dir, du in mir".

W+ 60   In der Stille angekommen
Das Lied von Christoph Zehendner trägt im Original den Titel "Beten" und bezieht sich auf Matthäus 6, 5-8:

5 Und wenn ihr betet, sollt ihr nicht sein wie die Heuchler, die gern in den Synagogen und an den Straßenecken stehen und beten, um sich vor den Leuten zu zeigen. Wahrlich, ich sage euch: Sie haben ihren Lohn schon gehabt. 6 Wenn du aber betest, so geh in dein Kämmerlein und schließ die Tür zu und bete zu deinem Vater, der im Verborgenen ist; und dein Vater, der in das Verborgene sieht, wird dir's vergelten. 7 Und wenn ihr betet, sollt ihr nicht viel plappern wie die Heiden; denn sie meinen, sie werden erhört, wenn sie viele Worte machen. 8 Darum sollt ihr ihnen nicht gleichen. Denn euer Vater weiß, was ihr bedürft, bevor ihr ihn bittet.

Das Lied ist ein Gebet, ein Aussteigen in die Stille, es ist meditative Versenkung, eine Kontaktaufnahme mit dem Ewigen. Ziel des Stillewerdens ist, die Welt" mit Gottes Augen zu sehn". Das kann ohne Worte geschehen: „Große Worte sind nicht nötig". Der Anfang der Melodie erinnert mit ihren Tonrepetitionen an den Beginn von „Gott ist gegenwärtig". Der Refrain im doppelten Deklamationstempo bringt nach der Ruhe der Strophe Bewegung in den Gesang:

In der Stille angekommen,
Werd ich ruhig zum Gebet.
Große Worte sind nicht nötig,
Denn Gott weiß ja, wie's mir geht.

Refrain
Danken und loben, bitten und flehn.
Zeit mit Gott verbringen.
Die Welt mit offnen Augen sehn.
Reden, hören, fragen, verstehn.
Zeit mit Gott verbringen.
Die Welt mit seinen Augen sehn.
Refrain Danken und loben...
In der Stille angekommen,
Leg ich meine Masken ab.
Und ich sage Gott ganz ehrlich,
Was ich auf dem Herzen hab.
Refrain Danken und loben...
In der Stille angekommen,
Schrei ich meine Angst heraus.
Was mich quält und mir den Mut nimmt,
All das schütt ich vor Gott aus.
Refrain Danken und loben...

In der Stille angekommen,
Nehm ich dankbar, was er gibt.
Ich darf zu ihm "Vater? sagen,
Weil er mich unendlich liebt.
Refrain *Danken und loben...*
(Originaltitel: "Beten" Text nach Matthäus 6, 5-8 von Christoph Zehendner
(© Birgitt Neumann Musikverlag.de)

14. Gott „Gerneklein"

2. Korinther 8, 9
Jesus Christus, obwohl er reich ist, ward er doch arm um euretwillen,
auf dass ihr durch seine Armut reich würdet.

Was sagte der Arzt im Roman „Die Pest" von Albert Camus?
„Ist es nicht besser für Gott, wenn man nicht an ihn glaubt und dafür
mit aller Kraft gegen den Tod ankämpft, ohne die Augen zu dem
Himmel zu erheben, wo er schweigt?".
(Albert Camus/ Die Pest, Rowohlt S. 104).

Vielleicht sollten wir einmal die Blickrichtung ändern. Denn es
könnte sein: Während wir zum Himmel starren, ist Gott schon
unten in der Tiefe. Das geistliche Volkslied für die Weihnachtszeit
von Friedrich Spee (1637) „Zu Bethlehem geboren ist uns ein
Kindelein" wendet den Blick **nach unten**:

In seine Lieb versenken
will ich mich ganz hinab;
mein Herz will ich ihm schenken
und alles, was ich hab,
eia, eia, und alles, was ich hab. (EG 32,2)

Die Weihnachtsgeschichte des Lukas erzählt: Gott kommt in Gestalt eines kleinen Kindes in die Welt, weil *„es sonst keinen Raum in der Herberge gab"*. Das revolutioniert unser Gottesbild. Der Allmächtige kommt zu uns hier nach unten, er kommt als Asylbewerber, von seiner Mutter in einer Notunterkunft geboren. Weiter unten geht nicht. Eine Weihnachtsidylle sieht anders aus. Und trotzdem ist die Geburt Jesu, gerade unter diesen Umständen, ein Zeichen für Gottes Nähe und Liebe. Sie wird als Freudenfest gefeiert. Das „Gloria in excelsis Deo" wird zum „Gloria in terra Deo", das „Ehre sei Gott in der Höhe" zum „Ehre sei Gott hier unten auf der Erde". In einem armseligen Stall findet der „unbehauste" Mensch sein Zuhause bei Gott. Deshalb hat der Schweizer Dichter Kurt Marti Gott den Namen gegeben: „Gott Gerneklein".

14.1.
EG 27   **Lobt Gott, ihr Christen alle gleich**
GL 247
W+ 3   **Aus der Armut eines Stalles**

EG 27   **Lobt Gott, ihr Christen alle gleich**
GL 247
Das Lied besingt einen wunderlichen Rollentausch: Der Gott, der alles geschaffen hat, liegt als kleines hilfloses Baby in einer Futterkrippe. Immer wieder ringt der Dichter Nikolaus Hermann nach Worten für diese seltsame, unbegreifliche Verwandlung:

„Er kommt aus seines Vaters Schoß und wird ein Kindlein klein."

„Er äußert sich all seiner G'walt, wird niedrig und gering
und nimmt an eines Knechts Gestalt, der Schöpfer aller Ding".

„Er wechselt mit uns wunderlich: Fleisch und Blut nimmt er an"
„Er wird ein Knecht und ich ein Herr; das mag ein Wechsel sein!"

Dieser Wechsel wird der Schlüssel zum Paradies:
"Heut schließt er wieder auf die Tür zum schönen Paradeis."

1. Lobt Gott, ihr Christen alle gleich,
in seinem höchsten Thron,
der heut schließt auf sein Himmelreich
und schenkt uns seinen Sohn,
und schenkt uns seinen Sohn.

2. Er kommt aus seines Vaters Schoß
Und wird ein Kindlein klein,
Er liegt dort elend, nackt unnd bloß
in einem Krippelein,
in einem Krippelein.

3. Er äußert sich all seiner G'walt,
wird niedrig und gering
und nimmt an eines Knechts Gestalt,
der Schöpfer aller Ding,
der Schöpfer aller Ding.

4. Er wechselt mit uns wunderlich:
Fleisch und Blut nimmt er an
und gibt uns in seins Vaters Reich
die klare Gottheit dran,
die klare Gottheit dran.

5. Er wird ein Knecht und ich ein Herr;
das mag ein Wechsel sein!
Wie könnt es doch sein freundlicher,
das herze Jesulein,
das herze Jesulein!

6. Heut schließt er wieder auf die Tür
zum schönen Paradeis;
der Cherub steht nicht mehr dafür.
Gott sei Lob, Ehr und Preis,
Gott sei Lob, Ehr und Preis!
(Text: Johann Hermann 1560 Melodie: Nikolaus Hermann 1554)

Die Wiederholung der vierten Strophenzeile unterstreicht und
intensiviert als rhetorische Wiederholungsfigur die Aussage, z. B.:
"Das herze Jesulein, das herze Jesulein".

W+ 3   Aus der Armut eines Stalles

Arnim Juhre fasst sich kürzer. In seinem schlichten Weihnachtslied
„Aus der Armut eines Stalles" bricht in der Stille eine neue Zeit an.
Die Könige bringen dem Kind in der Krippe zwar ihre Geschenke,
aber sie finden dort *„unvergleichlich mehr"*, als sie mitbringen.
Die Hirten sagen es weiter: Gott "ist uns wohlgesinnt!" Das Lied hat
den Rhythmus eines kubanischen Tanzes, der Rumba.

*1. Aus der Armut eines Stalles drang ein gutes warmes Licht, und wir
sehn, wie in der Stille eine neue Zeit anbricht.*

*2. Könige aus fernen Reichen bringen ihre Schätze her, und am Ziel der
Reise finden sie ganz unvergleichlich mehr.*

*3. Jesus Christus hier geboren, Menschensohn und Gotteskind, und die
Hirten sagen's weiter: Dieser ist uns wohlgesinnt.*
(Text: Arnim Juhre Melodie Winfried Heurich © Strube, München)

15. Das Kreuz am Kettchen?

Joh. 12, 24
*Wenn das Weizenkorn nicht in die Erde fällt und erstirbt, so bleibt´s
allein. Wenn es aber erstirbt, so bringt es viel Frucht*

15.1.
EG 78   Jesu Kreuz, Leiden und Pein
W+ 204   Vielleicht, dass dein Kreuz allzu oft

Viele tragen ein Kreuz als Schmuck. Wofür steht es eigentlich? Vor
kurzem schlug eine Diskussion in Berlin hohe Wellen. Es ging um
die Frage: Soll ein vergoldetes Kreuz wieder die Kuppel des Berliner
Stadtschlosses krönen? Die TAZ bezeichnete das Kreuz in ihrer
Ausgabe vom 24.11.2021 als „antidemokratisches Herrschafts-
symbol". In Verbindung mit der Macht kann also ein Symbol zum
genauen Gegenteil dessen werden, was es für Christen eigentlich
bedeutet: Ein Zeichen für eine Existenz, die nicht auf die Herrschaft
der Gewalt, sondern auf die Liebe setzt, eine Liebe, die so weit gehen
kann, dass sie wie Jesus das eigene Leben aufs Spiel setzt.

EG 78   Jesu Kreuz, Leiden und Pein
Das Lied von Petrus Herbert (1530-1571), Gesandter der Böhmischen
Brüder in Genf und Württemberg, ruft dazu auf, den Lebens- und
Leidensweg Jesu zu bedenken und nachzugehen.
„Jesu Kreuz betracht, christliche Gemein". Es erinnert an die
Bedeutung des Kreuzes. Es geht mit uns den Kreuzweg entlang und

nimmt uns mit auf eine Prozession zu den Bildstöcken der einzelnen Stationen.

1. Jesu Kreuz, Leiden und Pein,
deins Heilands und Herren,
betracht, christliche Gemein,
ihm zu Lob und Ehren.
Merk, was er gelitten hat,
bis er ist gestorben,
dich von deiner Missetat
erlöst, Gnad erworben.

2. Jesus, wahrer Gottessohn
auf Erden erschienen,
fing bald in der Jugend an,
als ein Knecht zu dienen;
äußert sich der göttlich G'walt
und verbarg ihr Wesen,
lebt in menschlicher Gestalt;
daher wir genesen. (Phil 2,7)

3. Jesus richtet aus sein Amt
an den Menschenkindern,
eh er ward zum Tod verdammt
für uns arme Sünder,
lehrt und rüst' die Jünger sein,
wusch ihn' ihre Füße,
setzt das heilig Nachtmahl ein,
macht ihn' das Kreuz süße.

4. Jesus ging nach Gottes Will
in' Garten zu beten;
dreimal er da niederfiel
in sein' großen Nöten,
rief sein' lieben Vater an
mit betrübtem Herzen,
von ihm blutiger Schweiß rann
von Ängsten und Schmerzen.

5. Jesus da gefangen ward,
gebunden geführet
und im Rat beschweret hart
und zu Hohn gezieret;

verdeckt, verspott' und verspeit,
jämmerlich geschlagen,
auch verdammt aus Hass und Neid
durch erdicht' Anklagen.

6. Jesus ward früh dargestellt
Pilatus dem Heiden;
ob der wohl sein Unschuld meld't,
dennoch musst er leiden,
ward gegeißelt und verkleid't,
mit Dornen gekrönet,
in seim großen Herzeleid
aufs schmählichst gehöhnet.

7. Jesus, verurteilt zum Tod,
musst sein Kreuz selbst tragen
in großer Ohnmacht und Not,
ward daran geschlagen;
hing mehr denn drei ganze Stund'
in groß Pein und Schmerzen;
bittre Galle schmeckt sein Mund.
O Mensch, nimm's zu Herzen!

8. Jesus rief am Kreuze laut:
»Ach, ich bin verlassen!
Hab dir doch, mein Gott, vertraut,
wollst mich nicht verstoßen.
Gnad dem, der mir Hohn beweist
jetzt in meim Elende.
Ich befehl nun meinen Geist
dir in deine Hände.«

Die Deutung des Kreuzwegs am Ende des Weges ist in den Schluss-strophen voll biblischer Anspielungen, die ohne Hintergrundwissen rätselhaft bleiben. Das Weizenkorn ist ein Bild für das Leben, das sterben muss, damit aus ihm neues Leben erwachsen kann. Der Sonntag Lätare in der Passionszeit hat den Wochenspruch, auf den sich der Dichter bezieht:
Wenn das Weizenkorn nicht in die Erde fällt und erstirbt, bleibt es allein; wenn es aber erstirbt, bringt es viel Frucht. (Joh. 12, 24)

9. Jesus ist das Weizenkorn,
das im Tod erstorben
und uns, die wir warn verlorn,
das Leben erworben;
bringt viel Frücht zu Gottes Preis,
derer wir genießen,
gibt sein' Leib zu einer Speis,
sein Blut zum Trank süße.

Leib und Blut Jesu sind Brot und Wein des Abendmahls.
Für die Botschaft von der Liebe Gottes ist Jesus mit seiner ganzen
Existenz eingestanden. Der alte Adam, der im alttestamentlichen
Schöpfungsgeschichte der Versuchung erliegt, wie Gott sein zu
wollen, soll in uns "getötet" werden, damit wir neu leben können.

10. Jesu, weil du bist erhöht
zu ewigen Ehren:
Unsern alten Adam töt,
den Geist tu ernähren;
zieh uns allesamt zu dir,
dass empor wir schweben;
begnad unsers Geists Begier
mit deim neuen Leben.
(Text: Petrus Herbert 1566 Melodie: Leipzig um 1500 Böhmische Brüder 1501/1531)

W+ 204   Vielleicht, dass dein Kreuz

Das Kreuz als Halskette, das Kreuz als Wegkreuz, das Kreuz als
Gipfelkreuz, das Kreuz als Rotes Kreuz, das Kreuz als Motiv in Kunst
und Architektur, der das Kreuzzeichen schlagende Fußballer beim
Betreten des Spielfeldes, die Reihe ließe sich noch fortsetzen. Es gibt
eine Abstumpfung gegenüber dem Sinn von Kreuzsymbolen, eine
Abstumpfung unserer Wahrnehmung durch Wiederholung von
Riten und von Worten. Sie werden zu leeren, toten Hüllen.
Ein Lied von Hartmut Handt macht das zum Thema: *„Vielleicht, dass*
dein Kreuz allzu oft beschrieben" und wünscht sich: *„Vielleicht, dass*
du dich noch einmal zeigtest, vielleicht in völlig anderer Gestalt". Es
mündet in den hebräischen Ruf der ersten Christen: „Maranatha,
Herr, komm bald!"

1. Vielleicht, dass dein Kreuz allzu oft beschrieben
mit Worten, die für unsre Ohren leer
und von der Zeit und Tradition zerrieben,
gewogen – doch zu leicht, zu schwer.

2. Vielleicht, dass dein Kreuz allzu oft besungen
mit Tönen, die wir allzu oft gehört,
die nicht vom Ohr ins Herz hinein gedrungen
und so den wahren Sinn zerstört.

3. Vielleicht, dass dein Kreuz allzu oft geschaffen
aus Steinen, Holz, mit Farben und Papier,
als Kunstwerk zu bestaunen, zu begaffen,
doch weiter nichts, nicht Gott in dir.

4. Vielleicht, dass du dich uns noch einmal zeigtest,
vielleicht in völlig anderer Gestalt,
dass du dich wieder zu den Menschen neigtest:
Maranatha! Herr, komme bald!
(Text: © Hartmut Handt 2010 Melodie: Christoph Georgii 2010)

Die Melodie von Christoph Georgii lässt sich vom Sprachrhythmus inspirieren. Sie rezitiert den Text, vorwiegend auf einem Ton. Der unterlegte, chromatisch absteigende Quartgang im Bass ist seit dem Frühbarock als klagender „Lamento-Bass" bekannt. Wie eine Erlösung wirkt die Sprengung des engen melodischen Raumes, wenn die Melodie in der letzten Liedzeile weit ausholt und den Lamentobass verlässt. Aufsteigende Harmonien begleiten die adventliche Bitte: „Maranatha! Herr, komm bald".

16. Die Macht der Ohnmacht
Joh. 19, 10.11.
Da sprach Pilatus zu ihm: Weißt du nicht, dass ich Macht habe, dich loszugeben und Macht habe, dich zu kreuzigen? Jesus antwortete: Du hättest keine Macht über mich, wenn sie dir nicht wäre von oben gegeben worden.

16.1.
EG 14   **Dein König kommt in niedern Hüllen**
W+ 187   **Friedenskind, noch im Schlafe der Nacht**

Dietrich Bonhoeffer schrieb in einem Brief vom 16.7.1944 an seinen Freund Eberhard Bethge:
„Gott lässt sich aus der Welt herausdrängen ans Kreuz, Gott ist ohnmächtig und schwach in der Welt und nur so ist er bei uns und hilft uns. Es ist Matthäus 8, 17 ganz deutlich, dass Christus nicht hilft kraft seiner Allmacht, sondern kraft seiner Schwachheit, seines Leidens! Hier liegt der entscheidende Unterschied zu allen Religionen.

[...] Die Bibel weist den Menschen an die Ohnmacht und das Leiden Gottes; nur der leidende Gott kann helfen. "
(Dietrich Bonhoeffer/ Briefe und Aufzeichnungen aus der Haft)

Die Bassarie aus dem bach'schen Weihnachtsoratorium *„Großer Herr und starker König"* bringt denselben Gedanken zum Ausdruck. Der Solobass wird vom Glanz der Trompete, dem Instrument der Könige, überstrahlt. Der Stall von Bethlehem wird zum Machtzentrum. Ein Kind ohne Macht wird König.

„Großer Herr, o starker König,
liebster Heiland, o wie wenig
achtest du der Erden Pracht!
Der die ganze Welt erhält,
ihre Pracht und Zier erschaffen,
muss in harten Krippen schlafen. "
in deines großen Vaters Haus.

Dieser „Macht der Ohnmacht" sind die beiden nächsten Lieder gewidmet.

EG 14   Dein König kommt in niedern Hüllen

Eine alte Metapher für Macht ist die Person des „Königs". Gott wird der Hoheitstitel König verliehen. Der christliche Glaube sieht in ihm den eigentlichen Macht-Haber, der es wert ist, gelobt zu werden. Die Theologin Dorothee Sölle verwarf zwar den Titel „König" für Gott als patriarchalisch, antiquiert und überholt. Dennoch weiß noch jedes Kind, was ein König oder eine Königin ist; auch wenn es kaum noch welche gibt, im Märchen und im Puppentheater leben sie weiter. In vielen Gesangbuchliedern ist der König ein Symbol für Glanz und Macht. Im Lied von Joachim Neander „Lobe den Herren, den mächtigen König" (EG 317) wird den Macht-Habern dieser Erde in der entscheidenden 4. Strophe allerdings Gott als **„Antikönig"** gegenübergestellt. Pilatus fragt als Vertreter des römischen Kaisers den schweigenden Jesus:

„Redest Du nicht mit mir? Weißt du nicht, dass ich Macht habe, dich loszugeben und Macht habe, dich zu kreuzigen?" Jesus antwortete:
„Du hättest keine Macht über mich, wenn sie dir nicht von oben her gegeben wäre". (Joh. 19, 10-11)

So weist Jesus selbst angesichts des eigenen Todesurteils die Arroganz der Macht in ihre Schranken. Gottes Macht gründet nicht auf Gewalt, nicht auf Rüstung und militärischer Stärke.

Nicht Gesetz und Befehl sind die Grundlagen seiner Macht, sondern die Liebe, die alles andere überflüssig macht:
„Denke daran, was der Allmächtige kann, der dir mit Liebe begegnet."
Bei einem solchen König ist der Mensch gut aufgehoben. *„Dein König kommt in niedern Hüllen"* (EG 14) dichtete Friedrich Rückert und nennt den in Jerusalem einziehenden Friedenskönig in seinem Adventslied von 1834 ganz im Sinne Bonhoeffers *„einen mäch'tgen Herrscher ohne Heere, einen gewalt'gen Kämpfer ohne Speere".*

1. Dein König kommt in niedern Hüllen,
ihn trägt der lastbarn Es'lin Füllen,
empfang ihn froh, Jerusalem!
Trag ihm entgegen Friedenspalmen,
bestreu den Pfad mit grünen Halmen;
so ist's dem Herren angenehm. Mt 21,1-9

2. O mächt'ger Herrscher ohne Heere,
gewalt'ger Kämpfer ohne Speere,
o Friedefürst von großer Macht!
Es wollen dir der Erde Herren
den Weg zu deinem Throne sperren,
doch du gewinnst ihn ohne Schlacht.

3. Dein Reich ist nicht von dieser Erden,
doch aller Erde Reiche werden
dem, das du gründest, untertan.
Bewaffnet mit des Glaubens Worten
zieht deine Schar nach allen Orten
der Welt hinaus und macht dir Bahn.

4. Und wo du kommst herangezogen,
da ebnen sich des Meeres Wogen,
es schweigt der Sturm, von dir bedroht.
Du kommst, dass auf empörter Erde
der neue Bund gestiftet werde,
und schlägst in Fessel Sünd und Tod.

5. O Herr von großer Huld und Treue,
o komme du auch jetzt aufs Neue
zu uns, die wir sind schwer verstört.
Not ist es, dass du selbst hienieden
kommst, zu erneuen deinen Frieden,
dagegen sich die Welt empört.

6. O lass dein Licht auf Erden siegen,
die Macht der Finsternis erliegen
und lösch der Zwietracht Glimmen aus,
dass wir, die Völker und die Thronen,
vereint als Brüder wieder wohnen
in deines großen Vaters Haus.
(Text: Friedrich Rückert 1837 Melodie: Johannes Zahn 1853)

W+ 187 Friedenskind, noch im Schlafe der Nacht

In diesem Lied ist der König ein *Friedenskind*. Er zieht ein in das
„schweigende All", in eine Welt voll „Kriegsgewalt und Verfall". Das
Friedenskind bringt den Traum von Gottes "Schalom"
(hebräisch= Friede, Gesundheit, Wohlergehen, Segen) neu zur Welt.

1. Friedenskind, noch im Schlafe der Nacht, eh der Morgen erwacht,
kommst du in das schweigende All, Kriegsgewalt und Verfall - Heiland
heißt du.

2. Friedenskind, auf dem Weg in den Wind, da, wo Mordwaffen sind,
kommst du, selbst durch Hunger und Schmerz und ein hasskaltes Herz
- trägst einen Traum.

3. Friedenskind, in die schlafende Nacht und den Kampf um die Macht
- komm nun, bring den Traum neu zur Welt, der die Hoffnung erhält -
Gottes Schalom.
(Originaltitel: Piece Child Text: Shirey Erena Murray; deutscher Text: Hartmut Handt
Melodie: Amanda Husberg © 1992 Hope Publishing Für D,A, C, H Small Stone Media
Germany GmbH2001)

Ein Lied, das im Neuen-Lieder-Heft in drei Sprachen abgedruckt ist:
Englisch, Deutsch, Französisch.
Schon das EG hat erstmalig in der Geschichte der Gesangbücher seit
der Reformation etliche Lieder aufgenommen, die in verschiedenen
Sprachen gesungen werden können.
Die ersten Anstöße zu solchem gemeinsamen, mehrsprachigen
Singen gingen von der **Communauté de Taizé** aus, dem großen,
internationalen und ökumenischen Jugendtreffen in Frankreich.
Der Horizont weitete sich über die nationalen und örtlichen
Grenzen hinweg hin zur Gemeinschaft der weltweiten Christenheit.
Es ist ein Pfingsterlebnis der besonderen Art, wenn ein Lied
gleichzeitig in drei Sprachen gesungen werden kann.

17. Such mit den Fertigen ein Ziel

Joh.14.6

Ich bin der Weg die Wahrheit und das Leben. Niemand kommt zum Vater, denn durch mich.

17.1.

EG 393	**Kommt, Kinder lasst uns gehen**
EG 420	**Brich mit den Hungrigen dein Brot**

EG 393   **Kommt, Kinder lasst uns gehen**

Für den frommen Mystiker und Pietisten Gerhard Tersteegen (1697-1769) ist das „Leerwerden" Voraussetzung für das „Einswerden" mit Gott. Das „Leerwerden", das Freiwerden vom „Habenwollen" ist ein typisches Motiv der Mystik. Auf den ersten Blick scheint dieses Lied voll abstoßender Todessehnsucht und überzogener Jenseitsverherrlichung. Das Leben ist nur erträglich, weil der Weg durch die „Wüstenei" ein gutes Ende nehmen wird und ein lohnendes Ziel winkt: Das himmlische Jerusalem. Das Leben gleicht einer Arrestzelle, in der der Häftling "Mensch" die Tage abstreicht, die er noch absitzen muss, bis sich dann für ihn mit dem Tode endlich die Tore zum Paradies öffnen. Aber ist das nicht doch zu einfach? Ist das Gedicht Gerhard Tersteegens tatsächlich nur lebensverneinende Endzeitstimmung? Hat das Bild vom Leben als einer Pilgerschaft nicht auch etwas befreiend Tröstliches?

Vom Ziel des Lebens her gesehen erhält das Leben bei Tersteegen einen Sinn. Prioritäten verschieben sich. Es genügt, mit Wenigem zufrieden zu sein: *„Man soll wie Pilger wandeln, frei, bloß und wahrlich leer."* Als Pilger sollte man nicht zu viel Gepäck mitnehmen, denn *„viel sammeln, halten, handeln macht unsern Gang nur schwer. Wer will, der trag sich tot".* Und dann ist sie in der 7. Strophe doch da, die mit anderen geteilte Lebensfreude: *„Wir gehen Hand in Hand; eins freuet sich am andern in diesem wilden Land".* Der Weg des Lebens wird mit einer „Liebesbahn" verglichen, auf der wir uns gegenseitig helfen: *„Sollt wo ein Schwacher fallen, so greif der Stärk´re zu".* So lässt sich *„munter wandern".*

1. Kommt, Kinder, lasst uns gehen,
der Abend kommt herbei;
es ist gefährlich stehen
in dieser Wüstenei.
Kommt, stärket euren Mut,
zur Ewigkeit zu wandern

von einer Kraft zur andern;
es ist das Ende gut,
es ist das Ende gut.

2. Es soll uns nicht gereuen
der schmale Pilgerpfad;
wir kennen ja den Treuen,
der uns gerufen hat.
Kommt, folgt und trauet dem;
ein jeder sein Gesichte
mit ganzer Wendung richte
fest nach Jerusalem,
fest nach Jerusalem.

3. Geht's der Natur entgegen,
so geht's gerad und fein;
die Fleisch und Sinnen pflegen,
noch schlechte Pilger sein.
Verlasst die Kreatur
und was euch sonst will binden;
lasst gar euch selbst dahinten,
es geht durchs Sterben nur,
es geht durchs Sterben nur.

4. Man muss wie Pilger wandeln,
frei, bloß und wahrlich leer;
viel sammeln, halten, handeln
macht unsern Gang nur schwer.
Wer will, der trag sich tot;
wir reisen abgeschieden,
mit wenigem zufrieden;
wir brauchen's nur zur Not,
wir brauchen's nur zur Not.

5. Schmückt euer Herz aufs Beste,
sonst weder Leib noch Haus;
wir sind hier fremde Gäste
und ziehen bald hinaus.
Gemach bringt Ungemach;
ein Pilger muss sich schicken,
sich dulden und sich bücken
den kurzen Pilgertag,
den kurzen Pilgertag.

6. Kommt, Kinder, lasst uns gehen,
der Vater gehet mit;
er selbst will bei uns stehen
bei jedem sauren Tritt;
er will uns machen Mut,
mit süßen Sonnenblicken
uns locken und erquicken;
ach ja, wir haben's gut,
ach ja, wir haben's gut.

7. Kommt, Kinder, lasst uns wandern,
wir gehen Hand in Hand;
eins freuet sich am andern
in diesem wilden Land.
Kommt, lasst uns kindlich sein,
uns auf dem Weg nicht streiten;
die Engel selbst begleiten
als Brüder unsre Reihn,
als Brüder unsre Reihn.

8. Sollt wo ein Schwacher fallen,
so greif der Stärkre zu;
man trag, man helfe allen,
man pflanze Lieb und Ruh.
Kommt, bindet fester an;
ein jeder sei der Kleinste,
doch auch wohl gern der Reinste
auf unsrer Liebesbahn,
auf unsrer Liebesbahn.

Tersteegen wendet sich im ganzen Lied nicht an einen Einzelnen, sondern an eine christliche Kommunität, die gemeinsam durch die Zeit wandert. Ihr sagt er: Es gibt ein Ziel, ein Nachhausekommen, eine Heimkehr, die unserer Lebenszeit ein Ziel gibt.

9. Kommt, lasst uns munter wandern,
der Weg kürzt immer ab;
ein Tag, der folgt dem andern,
bald fällt das Fleisch ins Grab.
Nur noch ein wenig Mut,
nur noch ein wenig treuer,
von allen Dingen freier,
gewandt zum ewgen Gut,

gewandt zum ewgen Gut.

10. Es wird nicht lang mehr währen,
halt' noch ein wenig aus;
es wird nicht lang mehr währen,
so kommen wir nach Haus;
da wird man ewig ruhn,
wenn wir mit allen Frommen
heim zu dem Vater kommen;
wie wohl, wie wohl wird's tun,
wie wohl, wie wohl wird's tun.

11. Drauf wollen wir's denn wagen,
es ist wohl wagenswert,
und gründlich dem absagen,
was aufhält und beschwert.
Welt, du bist uns zu klein;
wir gehn durch Jesu Leiten
hin in die Ewigkeiten:
Es soll nur Jesus sein,
es soll nur Jesus sein.
(Text: Gerhard Tersteegen 1739 Melodie: Heinrich Schütz 1628)

EG 420   **Brich mit den Hungrigen dein Brot**
Lukas 3, 11
Was sollen wir denn tun? Wer zwei Röcke hat, der gebe dem, der
keinen hat; und wer Speise hat, tue auch also."

Das war die Antwort Jesu auf diese Frage des Volks:
Was sollen wir tun?
Der Text des Liedes will diese Frage beantworten und macht fünf
Vorschläge:
1.   *Brich mit den Hungrigen dein Brot.*
2.   *Sprich mit den Sprachlosen ein Wort.*
3.   *Sing mit den Traurigen ein Lied.*
4.   *Teil mit den Einsamen dein Haus.*
5.   *Such mit den Fertigen ein Ziel.*

Es sind fünf Vorschläge zum Handeln, aber jede Strophe hat nur vier
Zeilen. Und nun kommt das Besondere: Der fünfte, überzählige
Vorschlag „Such mit den Fertigen ein Ziel" wird zur ersten Zeile der
2. Strophe, deren zweite Zeile wieder mit der ersten Zeile der ersten
Strophe beginnt. Der Text beginnt zu rotieren, bis in der 5. Strophe

alle fünf Zeilen einmal zur ersten Zeile einer Strophe geworden sind. Dann endet die Rotation und das Lied könnte in einer Dauerschleife wieder mit der ersten Strophe beginnen. Diese originelle Idee wird deshalb nicht langweilig, weil durch die Textverschiebung jede Textzeile im Laufe der Strophenfolge auf eine andere Melodiephrase gesungen wird. Ein kleines Experiment veranschaulicht das:

Singen Sie einmal nur jeweils eine Zeile und wiederholen sie diese viermal als Text der ersten Strophe. So wird jede Textzeile einmal auf alle vier melodischen Phrasen der Melodie gesungen.

1. **Brich mit den Hungrigen dein Brot,**
sprich mit den Sprachlosen ein Wort,
sing mit den Traurigen ein Lied,
teil mit den Einsamen dein Haus.

2. **Such mit den Fertigen ein Ziel,**
brich mit den Hungrigen dein Brot,
sprich mit den Sprachlosen ein Wort,
sing mit den Traurigen ein Lied.

3. **Teil mit den Einsamen dein Haus,**
such mit den Fertigen ein Ziel,
brich mit den Hungrigen dein Brot,
sprich mit den Sprachlosen ein Wort.

4. **Sing mit den Traurigen ein Lied,**
teil mit den Einsamen dein Haus,
such mit den Fertigen ein Ziel,
brich mit den Hungrigen dein Brot.

5. **Sprich mit den Sprachlosen ein Wort,**
sing mit den Traurigen ein Lied,
teil mit den Einsamen dein Haus,
such mit den Fertigen ein Ziel.

(Text: Friedrich Karl Barth 1977 Musik: Peter Janssens aus Unkraut Leben 1977
© alle Rechte im Peter Janssens Musik Verlag, Telgte-Westfalen)

17. 2.
EG 391   **Jesu geh voran**
W+ 172   **Lass uns in deinem Namen, Herr**
EG.E. 25
GL 446

EG 391　　　**Jesu geh voran**

Der Mensch hat die Wahl, welchem Stern er folgen will. Die Weisen aus dem Morgenland folgten dem Stern von Bethlehem und fanden einen "König", einen Gottessohn, der als Kind in einer Futterkrippe liegt. Andere folgen lieber ihrem eigenen Stern. Jesus ist kein Guru, dem man "blind" folgen muss. Niemand wird zur Nachfolge gezwungen. Erst wenn ich erkenne, dass Jesus nachzufolgen keine Entmündigung, sondern Ermutigung zum Leben sein will, kann ich Zugang zu vielen Lieder finden. Augustin (gest. 430) hat in seinen "Confessiones" definiert, was es bedeutet, auf Jesu Wegen zu gehen: „Ama et fac quod vis" (Liebe und dann tue, was du willst).

Das Lied „Jesu, geh voran" stammt aus der Feder des Gründers der Herrnhuter Brüdergemeinde Nikolaus Ludwig Zinzendorf und seines Umfelds. Hier bestimmt das Ziel den Lebensweg.

1. Jesu, geh voran
auf der Lebensbahn!
Und wir wollen nicht verweilen,
dir getreulich nachzueilen;
führ uns an der Hand
bis ins Vaterland.

2. Soll's uns hart ergehn,
lass uns feste stehn
und auch in den schwersten Tagen
niemals über Lasten klagen;
denn durch Trübsal hier
geht der Weg zu dir.

3. Rühret eigner Schmerz
irgend unser Herz,
kümmert uns ein fremdes Leiden,
o so gib Geduld zu beiden;
richte unsern Sinn
auf das Ende hin.

4. Ordne unsern Gang,
Jesu, lebenslang.
Führst du uns durch raue Wege,
gib uns auch die nöt'ge Pflege;
tu uns nach dem Lauf
deine Türe auf.

(*Text: Nikolaus Ludwig von Zinzendorf (1721) 1725, London 1753, bearbeitet von*
Christian Gregor 1778 Melodie: Adam Drese 1698)

W+ 172   **Lass uns in deinem Namen, Herr**
EG.E. 25
GL 446

Dieses neue Lied legt das Gewicht stärker auf die eigene Aktivität.
Und da sind sie wieder, die drei Säulen christlichen Glaubens aus
dem Korintherbrief: Glaube Hoffnung, Liebe, nur in umgekehrter
Reihenfolge: *„Gib uns den Mut voll **Liebe, Hoffnung und Glauben**
zu handeln.".*

*1. Lass uns in deinem Namen, Herr, die nötigen Schritte
tun. Gib uns den Mut, voll Glauben, Herr, heute und
morgen zu handeln.*

*2. Lass uns in deinem Namen, Herr, die nötigen Schritte
tun. Gib uns den Mut, voll Liebe, Herr, heute die
Wahrheit zu leben.*

*3.Lass uns in deinem Namen, Herr, die nötigen Schritte
tun. Gib uns den Mut, voll Hoffnung, Herr, heute von
vorn zu beginnen.*

*4. Lass uns in deinem Namen, Herr, die nötigen Schritte
tun. Gib uns den Mut, voll Glauben, Herr, mit dir zu
Menschen zu werden.*
(Text und Musik: Kurt Rommel 1964 © Strube Verlag München)

18. Liebe zu Jesus-
Eine vergessene Leidenschaft
Hohelied 8, 6.7.
*Lege mich wie ein Siegel auf dein Herz, wie ein Siegel auf deinen Arm.
Denn Liebe ist stark wie der Tod und Leidenschaft unwiderstehlich wie
das Totenreich. Ihre Glut ist feurig und eine gewaltige Flamme. Viele
Wasser können die Liebe nicht auslöschen.*

Ein für uns heute befremdliches Motiv, das zahlreiche barocke
Lieder aufnehmen, ist die Liebe zu Jesus. Seit dem Mittelalter
wurden die Liebeslieder Salomos aus dem Alten Testament, das
Hohelied, auf die Liebe zwischen Jesus als Bräutigam und der
gläubigen Seele (Tochter Zion) hin interpretiert. Der Mensch soll
Jesus nicht nur verstehen und sein Handeln nachahmen, er soll ihn
lieben und in sein Herz schließen wie eine Braut ihren Bräutigam.

Der Vergleich zwischen Jesusliebe und menschlicher Liebe ist nicht so abwegig, wie es auf den ersten Blick erscheinen mag. Denn etwas nur für wahr zu halten, ist zu wenig. Wahrheit wird erst zur Wahrheit, wenn ihr Funke überspringt und ein Feuer der Leidenschaft in uns entfacht. Dieses Feuer nennt die Bibel den Heiligen Geist. Gesprochene oder gelesene Worte genügen nicht, sie wollen „Fleisch werden."

Aus dem Weihnachtsoratorium von Johann Sebastian Bach stammt das folgende Bassrezitativ, das den vom Sopran vorgetragenen Choral kommentiert:

Nr. 38 Rezitativ (Bass) und Choral (Sopran):

Rezitativ: *Immanuel, o süßes Wort!*
Mein Jesus heißt mein Hort,
Mein Jesus heißt mein Leben.
Mein Jesus hat sich mir ergeben,
Mein Jesus soll mir immerfort
Vor meinen Augen schweben.
Mein Jesus heißet meine Lust,
Mein Jesus labet Herz und Brust.

Choral: *Jesus, du mein liebstes Leben,*
Meiner Seelen Bräutigam,
Komm! Ich will dich mit Lust umfassen,
Mein Herze soll dich nimmer lassen,
Der du dich vor mich gegeben
An des bittern Kreuzes Stamm!

Rezitativ: *Ach! So nimm mich zu dir!*
Auch in dem Sterben sollst du mir
Das Allerliebste sein;
in Not, Gefahr und Ungemach
Seh ich dir sehnlichst nach.
Was jagte mir zuletzt der Tod für Grauen ein?
Mein Jesus! Wenn ich sterbe,
So weiß ich, dass ich nicht verderbe.
Dein Name steht in mir geschrieben,
Der hat des Todes Furcht vertrieben.

Beispiele dieser liebenden Begeisterung für Jesus gibt es in vielen Liedern des Barock.

18.1.
EG 147   **Wachet auf ruft uns die Stimme**
GL 554
FJV 204   **Die ganze Schöpfung**

EG 147   **Wachet auf ruft uns die Stimme**
GL 554

Jesus kommt als Bräutigam zu seiner Gemeinde, die als Braut, als „Tochter Zion" vorgestellt wird. Die Wächter rufen von der Mauer Jerusalems: *„Wach auf, du Stadt Jerusalem!"* Alle stehen voller Freude auf und gehen dem Bräutigam entgegen Das Gleichnis von den fünf klugen und den fünf törichten Jungfrauen steht im Hintergrund.

Matthäus 25, 1-13:
1 Dann wird das Himmelreich gleichen zehn Jungfrauen, die ihre Lampen nahmen und gingen hinaus, dem Bräutigam entgegen. 2 Aber fünf von ihnen waren töricht und fünf waren klug. 3 Die törichten nahmen ihre Lampen, aber sie nahmen kein Öl mit. 4 Die klugen aber nahmen Öl mit in ihren Gefäßen, samt ihren Lampen. 5 Als nun der Bräutigam lange ausblieb, wurden sie alle schläfrig und schliefen ein. 6 Um Mitternacht aber erhob sich lautes Rufen: Siehe, der Bräutigam kommt! Geht hinaus, ihm entgegen! 7 Da standen diese Jungfrauen alle auf und machten ihre Lampen fertig. 8 Die törichten aber sprachen zu den klugen: Gebt uns von eurem Öl, denn unsre Lampen verlöschen. 9 Da antworteten die klugen und sprachen: Nein, sonst würde es für uns und euch nicht genug sein; geht aber zu den Händlern und kauft für euch selbst. 10 Und als sie hingingen zu kaufen, kam der Bräutigam; und die bereit waren, gingen mit ihm hinein zur Hochzeit, und die Tür wurde verschlossen. 11 Später kamen auch die andern Jungfrauen und sprachen: Herr, Herr, tu uns auf! 12 Er antwortete aber und sprach: Wahrlich, ich sage euch: Ich kenne euch nicht. 13 Darum wachet! Denn ihr wisst weder Tag noch Stunde.

Ein entscheidender Unterschied zwischen Nicolais Lied und der biblischen Erzählung fällt auf: Was ist mit den zu spät zur Hochzeit kommenden fünf törichten Jungfrauen, die nach Matthäus nicht mehr zur Hochzeit eingelassen werden? Sie werden vom Dichter Philipp Nicolai ausgeblendet. Was wäre das auch für ein Trost gewesen für die im Sterben liegenden Pestkranken, denen er als Seelsorger dieses Lied gewidmet hat. Deshalb folgen bei Nicolai alle ohne Unterschied dem Bräutigam in den „Freudensaal" des himmlischen Jerusalems aus Offenbarung 21: *Und ich sah die heilige Stadt,* das neue Jerusalem, von Gott aus dem Himmel herabkommen, bereitet wie eine geschmückte Braut für ihren Mann.

Auch Verse aus dem 52. Kapitel des Propheten Jesaja klingen an:

1 Wach auf, wach auf, Zion, zieh an deine Stärke! Schmücke dich herrlich, Jerusalem, du heilige Stadt! ...7 Wie lieblich sind auf den Bergen die Füße des Freudenboten, der da Frieden verkündigt, Gutes predigt, Heil verkündigt, der da sagt zu Zion: Dein Gott ist König! 8 Deine Wächter rufen mit lauter Stimme und jubeln miteinander; denn sie werden's mit ihren Augen sehen, wenn der HERR nach Zion zurückkehrt. 9 Seid fröhlich und jubelt miteinander, ihr Trümmer Jerusalems; denn der HERR hat sein Volk getröstet und Jerusalem erlöst.

1. *»Wachet auf«, ruft uns die Stimme*
der Wächter sehr hoch auf der Zinne,
»wach auf, du Stadt Jerusalem!
Mitternacht heißt diese Stunde«;
sie rufen uns mit hellem Munde:
»Wo seid ihr klugen Jungfrauen?
Wohlauf, der Bräut'gam kommt,
steht auf, die Lampen nehmt!
Halleluja!
Macht euch bereit zu der Hochzeit,
ihr müsset ihm entgegengehn!«
Mt 25,1-13; Jes 52,8

2. **Zion hört die Wächter singen,**
das Herz tut ihr vor Freude springen,
sie wachet und steht eilend auf.
Ihr Freund kommt vom Himmel prächtig,
von Gnaden stark, von Wahrheit mächtig,
ihr Licht wird hell, ihr Stern geht auf.
Nun komm, du werte Kron,
Herr Jesu, Gottes Sohn!
Hosianna!
Wir folgen all zum Freudensaal
und halten mit das Abendmahl.

3. Gloria sei dir gesungen
mit Menschen- und mit Engelzungen,
mit Harfen und mit Zimbeln schön.
Von zwölf Perlen sind die Tore
an deiner Stadt; wir stehn im Chore
der Engel hoch um deinen Thron.
Kein Aug hat je gespürt,
kein Ohr hat mehr gehört
solche Freude.
Des jauchzen wir und singen dir
das Halleluja für und für.

(Text und Melodie: Philipp Nicolai 1599)

Die Verszeilen mit sehr unterschiedlicher Silbenzahl ergeben, mittig angeordnet, die Form eines Abendmahlkelchs.

FJ V 204 Die ganze Schöpfung, nah oder fern

In neuen Liedern ist das Motiv der „Liebe zu Jesus" nur in der charismatischen Bewegung neu aufgegriffen worden. Ein Liederbuch trägt sogar den Titel: **„In Love with Jesus"**

Das vorliegende Lied stammt aus dem Liederbuch „Feiert Jesus". Der hebräische Ruf „Maranatha" ist Ausdruck der Sehnsucht nach dem Bräutigam. „Herr, komm bald"ist das Lied überschrieben. Es knüpft ohne jede zeitgenössische Vermittlung an die "Naherwartung" der Wiederkunft Jesu Christi an, wie sie die Urgemeinde erfüllt hat. Herr, komme bald!

1. Die ganze Schöpfung, nah oder fern,
ebne den Weg für den Herrn aller Herrn.
Jesus kommt bald zurück.
Refrain
Wie die Braut auf ihren Bräutigam
warten wir hier, wann kommst du an?
Unser Herz sehnt sich so nach dir und singt:
Herr, komme bald, Herr Jesus, komm.
Herr, komme bald, Herr Jesus, komm.

2. Ruft alle Menschen, macht euch bereit,
er wird erscheinen in Herrlichkeit.
Jesus kommt bald zurück.
Refrain: *Wie die Braut auf ihren Bräutigam*
warten wir hier, wann kommst du an?
Unser Herz sehnt sich so nach dir und singt:
Herr, komme bald, Herr Jesus, komm.
Herr, komme bald, Herr Jesus, komm.

3. Recht wirst du schaffen, alles wird neu.
Du bleibst für immer wahrhaftig und treu.
Jesus kommt bald zurück.
Refrain: *Wie die Braut auf ihren Bräutigam*
warten wir hier, wann kommst du an?
Unser Herz sehnt sich so nach dir und singt:
Herr, komme bald, Herr Jesus, komm.
Herr, komme bald, Herr Jesus, komm.
(Bridge)
Jesus, dich erwarten wir,
denn du kommst, ja, du kommst bald.
Jesus, dich erwarten wir,
denn du kommst, ja, du kommst bald.
(Dt. Text: Key To aus Feiert Jesus V)

18.2
EG 396   **Jesu, meine Freude**
DHUT 313   **Parodie: Jesu, meine Freude**

EG 396   **Jesu, meine Freude**
Das Lied von Johann Frank spricht die Sprache der Liebe. Jesus ist
"mein Bräutigam". Er steht mir zur Seite. Er beschirmt mich.

1. Jesu, meine Freude,
meines Herzens Weide,
Jesu, meine Zier:
ach, wie lang, ach lange
ist dem Herzen bange
und verlangt nach dir!
Gottes Lamm, mein Bräutigam,
außer dir soll mir auf Erden
nichts sonst Liebers werden.

2. Unter deinem Schirmen
bin ich vor den Stürmen
aller Feinde frei.
Lass den Satan wettern,
lass die Welt erzittern,
mir steht Jesus bei.
Ob es jetzt gleich kracht und blitzt,
ob gleich Sünd und Hölle schrecken,
Jesus will mich decken.

Und so kann Frank dem Tod die Worte vor die Füße schleudern:

3. Trotz dem alten Drachen,
Trotz dem Todesrachen,
Trotz der Furcht dazu!
Tobe, Welt, und springe;
ich steh hier und singe
in gar sichrer Ruh.
Gottes Macht hält mich in Acht,
Erd und Abgrund muss verstummen,
ob sie noch so brummen.

Angesichts des Todes verstummen wir Menschen oft. Die Lieder
bleiben uns im Halse stecken. Der Verfasser von Text und Melodie,
Johann Frank, Bürgermeister in seiner Heimatstadt Guben, stellt
unsere Erwartungen auf den Kopf:
Vor dem „Todesrachen muss „Erd´ und Abgrund verstummen". Ich
nicht! Ich kann singen in „gar sichrer Ruh". Warum? Die Antwort
von Johann Frank: *„Gottes Macht hält mich in Acht".*
Eine solche Liedstrophe aus alter Tradition kann aufrichten und
zum Lebensbegleiter werden, auch wenn sie 1653 gedichtet wurde.
Sie zieht eine tiefe Furche im Gedächtnis.

Es gilt Prioritäten zu setzen. Will ich dem Besitz meine ganze
Lebenskraft opfern, soll mich ein fortwährender Ehrgeiz seelisch
ruinieren, so dass am Ende der totale Burnout droht? Aus welchen
Quellen wird sich meine Widerstandskraft, meine "Resilienz", in den
Krisen und Verlusten, in Krankheit und Schicksalsschlägen speisen?
Frank findet keinen Trost in belehrenden Sätzen, sondern in der
Person Jesu als dem liebenden "Bräutigam":

4. Weg mit allen Schätzen;
du bist mein Ergötzen,
Jesu, meine Lust.
Weg, ihr eitlen Ehren,
ich mag euch nicht hören,
bleibt mir unbewusst!
Elend, Not, Kreuz, Schmach und Tod
soll mich, ob ich viel muss leiden,
nicht von Jesus scheiden.

5. Gute Nacht, o Wesen,
das die Welt erlesen,
mir gefällst du nicht.
Gute Nacht, ihr Sünden,
bleibet weit dahinten,
kommt nicht mehr ans Licht!
Gute Nacht, du Stolz und Pracht;
dir sei ganz, du Lasterleben,
gute Nacht gegeben.

Wenn Jesus als *Freudenmeister* in mein Herz einzieht, dann weichen die "Trauergeister".

6. Weicht, ihr Trauergeister,
denn **mein Freudenmeister,**
Jesus, tritt herein.
Denen, die Gott lieben,
muss auch ihr Betrüben
lauter Freude sein.
Duld ich schon hier Spott und Hohn,
dennoch bleibst du auch im Leide,
Jesu, meine Freude.
(Text: Johann Franck 1653 Melodie: Johann Crüger 1653)

Der aus der DDR stammende Liedermacher Gerhard Schöne hat eine beeindruckende, zeitgenössische Textparodie dieses Liedes vorgelegt, die das fremdgewordene Hoheliedmotiv vom Bräutigam löscht, aber das Bild von Jesus als den uns bedingungslos Liebenden beibehält:

DHUT Nr. 313 **Parodie: Jesu, meine Freude**

1. Jesu meine Freude
Meines Herzens Weide
Jesu, wahrer Gott
Wer will dich schon hören?
Deine Worte stören
Den gewohnten Trott
Du gefährdest Sicherheit
Du bist Sand im Weltgetriebe
Du, mit Deiner Liebe.

2. Du warst eingemauert
Du hast überdauert
Lager, Bann und Haft.
Bist nicht totzukriegen;
Niemand kann besiegen
Deiner Liebe Kraft
Wer dich foltert und erschlägt,
Hofft auf deinen Tod vergebens
Samenkorn des Lebens.

3. Jesus, Freund der Armen
Groß ist dein Erbarmen
Mit der kranken Welt
Herrscher gehen unter,
Träume werden munter,
Die dein Wort erhellt
Und wenn ich ganz unten bin
Weiß ich dich an meiner Seite,
Jesu, meine Freude.
(Text: Gerhard Schöne © Buschfunk Produktion, Berlin)

18.3.
EG 403 **Schönster Herr Jesu**
FJ V 106
FJ V 183 **Mit dir kommt die Schönheit**

EG 403/ FJ V 106 **Schönster Herr Jesu**
Was ist an Jesus "schön"? Als Attribut Jesu wirkt das Wort seltsam
fremd. Ob etwas schön ist, hängt davon ab, ob es uns als ein
harmonisches Ganzes erscheint.
Das Lied nennt „Wälder, Felder, Blumen", den Mond, die Sonne, die
Sterne" schön. Aber schöner als dies alles sei Jesus. Bezeichnend ist,

dass das „alte" Lied als Worship-Lied auch in das Liederbuch „Feiert Jesus" Band V (2017) aufgenommen wurde.

1. Schönster Herr Jesu,
Herrscher aller Herren,
Gottes und Marien Sohn,
dich will ich lieben,
dich will ich ehren,
meiner Seele Freud und Kron.

2. Schön sind die Wälder,
schöner sind die Felder
in der schönen Frühlingszeit;
Jesus ist schöner,
Jesus ist reiner,
der mein traurig Herz erfreut.

3. Schön ist der Monde,
schöner ist die Sonne,
schön sind auch die Sterne all.
Jesus ist feiner,
Jesus ist reiner
als die Engel allzumal.

4. Schön sind die Blumen,
schöner sind die Menschen
in der frischen Jugendzeit;
sie müssen sterben,
müssen verderben:
Jesus bleibt in Ewigkeit.

5. Alle die Schönheit
Himmels und der Erden
ist gefasst in dir allein.
Nichts soll mir werden
lieber auf Erden
als du, liebster Jesus mein.
(Text: Münster 1677; Str. 2 bei Heinrich August Hoffmann von Fallersleben 1842)

FJ V 183   Mit dir kommt die Schönheit in mein Leben
Der Originaltitel dieses Liedes heißt ganz einfach: "Schön".
Das neue Lied aus dem Jahr 2013 von Arno Kopfermann steht ebenfalls im Liederbuch „Feiert Jesus V" und übernimmt das

Attribut „Schönheit" für Jesus. Schönheit steht auch hier für Stimmigkeit und Harmonie.

Der Refrain betet Gott an und kreist um die kurzen Sätze: „Du bist unvergleichlich schön. Du bist schön. Du bist unbeschreiblich, unbegreiflich, unnachahmlich...."

Der Refrain wird nach der 2. Strophe erweitert mit dem Satz: *"Und weil ich nun nichts andres kann, beug ich mein Herz und bete an."* Das ist eine fast wörtliche Anspielung auf die 4. Strophe aus Paul Gerhardts Weihnachtslied von 1653 *"Ich steh an deiner Krippe hier"*:

"Ich sehe dich mit Freuden an und kann mich nicht satt sehen und weil ich nun nichts weiter kann, bleib ich anbetend stehen."

Das Lied erinnert damit auch an die wortlose Anbetung vor der Krippe.

1. Mit dir kommt die Schönheit in mein Leben.
Vor mir öffnet sich der Horizont.
Meine Seele sehnt sich dir entgegen,
Fels der Zeiten, Herr und Gott.
Refrain
Schön, du bist schön, du bist unbeschreiblich unbegreiflich.
Schön, du bist schön. Du bist unvergleichlich schön.
Mein Gott.
2. Mit dir kommt die Schönheit in mein Leben.
Dein Licht stahlt hinein meine Welt.
Unnachahmlich schön in seiner Klarheit,
unerschöpfllich in seiner Kraft.
Refrain
Schön, du bist schön, du bist unbeschreiblich unbegreiflich.
Schön, du bist schön. Du bist unvergleichlich schön.
Mein Gott.
3. Bei dir tauch ich ein in helle Farben,
stoß die tür weit auf und bete an.
Dieser Augenblick in deiner Nähe
Zeigt mir Schönheit, die nie vergeht.
Refrain
Schön, du bist schön, du bist unbeschreiblich unbegreiflich.
Schön, du bist schön. Du bist unvergleichlich schön.
Mein Gott.
(Text und Melodie: Arno Kopfermann 2013 © SCM Hänssler Verlag)

19. Der Heilige Geist – Ein Geist der Liebe

Joh. 14,26

Aber der Tröster, der Heilige Geist, den mein Vater senden wird in meinem Namen, der wird euch alles lehren und euch an alles erinnern, was ich euch gesagt habe.

Jesu ganzes Wirken atmet den Geist der Liebe. Dieser Geist ist die Hinterlassenschaft Jesu an seine Jünger und seither in der Geschichte als Gegenkraft zu Hass und Hetze unterwegs. Von Generation zu Generation entzündet dieser Geist, der auch Paraklet (griech.:Tröster) genannt wird, menschliche Herzen wie eine weitergegebene Fackel.

19.1.

EG 136	**O komm, du Geist der Wahrheit**
W+ 105	**Atme in uns, Heiliger Geist**
EG.E. 7	
GL 346	

EG 136   O komm, du Geist der Wahrheit

Bei Philipp Spitta ist der Heilige Geist **ein „Geist der Wahrheit"**: In Johannes 14, 16 spricht Jesus beim Abschied zu seinen Jüngern: *Ich will den Vater bitten, und er wird euch einen anderen Tröster geben, dass er bei euch sei ewiglich: den Geist der Wahrheit."*
Um diesen Geist bittet das Lied von Philipp Spitta von 1823. Ihm galt seine Zeit als *„schlaffe und glaubensarme Zeit"*. Die europäische Welt erlebte gerade die Nachbeben der französischen Revolution und die geistigen Erschütterungen durch die Aufklärung. Drei Strophen beginnen deshalb mit dem Seufzer: „O".
Im Entstehungsjahr des Liedes 1823 wurde übrigens die 9. Sinfonie von Beethoven uraufgeführt. Im Schlusssatz dieser Sinfonie leitet ein kurzes Rezitativ auch mit demselben Seufzer „O" die berühmte „Ode an die Freude" ein:

„O Freunde, nicht diese Töne, sondern lasst uns angenehmere hören und freudenvollere."

1. O komm, du Geist der Wahrheit,
und kehre bei uns ein,
verbreite Licht und Klarheit,
verbanne Trug und Schein.
Gieß aus dein heilig Feuer,
rühr Herz und Lippen an,

dass jeglicher getreuer
den Herrn bekennen kann.

2. O du, den unser größter
Regent uns zugesagt:
Komm zu uns, werter Tröster,
und mach uns unverzagt.
Gib uns in dieser schlaffen
und glaubensarmen Zeit
die scharf geschliffnen Waffen
der ersten Christenheit.

3. Unglaub und Torheit brüsten
sich frecher jetzt als je;
darum musst du uns rüsten
mit Waffen aus der Höh.
Du musst uns Kraft verleihen,
Geduld und Glaubenstreu
und musst uns ganz befreien
von aller Menschenscheu.

4. Es gilt ein frei Geständnis
in dieser unsrer Zeit,
ein offenes Bekenntnis
bei allem Widerstreit,
trotz aller Feinde Toben,
trotz allem Heidentum
zu preisen und zu loben
das Evangelium.

5. In aller Heiden Lande
erschallt dein kräftig Wort,
sie werfen Satans Bande
und ihre Götzen fort;
von allen Seiten kommen
sie in das Reich herein;
ach soll es uns genommen,
für uns verschlossen sein?

6. O wahrlich, wir verdienen
solch strenges Strafgericht;
uns ist das Licht erschienen,
allein wir glauben nicht.
Ach lasset uns gebeugter
um Gottes Gnade flehn,
dass er bei uns den Leuchter
des Wortes lasse stehn.

7. Du Heilger Geist, bereite
ein Pfingstfest nah und fern;
mit deiner Kraft begleite
das Zeugnis von dem Herrn.
O öffne du die Herzen
der Welt und uns den Mund,
dass wir in Freud und Schmerzen
das Heil ihr machen kund.
(Text: Philipp Spitta 1827/1833 Melodie: 16. Jahrhundert)

W+ 105   Atme in uns, Heiliger Geist
EG.E. 7
GL 346

Das neue Pfingstlied ist auch im katholischen Gesangbuch *Gotteslob* zu finden. Der „Atem" wird im Refrain des Liedes zum Kennzeichen des Lebens. Wer atmet, lebt. Es ist derselbe Atem, mit dem Gott in der Schöpfungsgeschichte dem Menschen das Leben „einblies" der uns belebt. Mit der Geburt beginnt der Mensch zu atmen. Der Atem verleiht dem Menschen seine unverwechselbare Stimme. Der Stillstand der Atmung ist Kennzeichen des Todes, des endgültigen Verstummens. Das Lied bittet darum: Der **Heilige Geist** möge uns erfüllen, **wie der Atem**, der uns in jeder Sekunde am Leben erhält. Als Vorlage für die Strophen dient die mittelalterlichere, lateinische Pfingstantiphon:

„Veni sancte spiritus, reple tuorum corda fidelium: et tui amoris in eis ignem accende". („Komm, heiliger Geist, erfülle die Herzen deiner Gläubigen und entzünde in ihnen das Feuer deiner Liebe").

Musikalisch besteht ein Kontrast zwischen dem an Rockmusik erinnernden Refrain mit seinem harmonischen Pendeln zwischen dem fis-moll und dem E-Dur-Dreiklang und den melodisch fließenden Strophen.

Refrain:

Atme in uns, Heiliger Geist
Brenne in uns, Heiliger Geist
Wirke in uns, Heiliger Geist
Atem Gottes, komm.

1. Komm, du Geist, durchdringe uns
Komm, du Geist, kehr bei uns ein
Komm, du Geist, belebe uns
Wir ersehnen dich
Refrain:
Atme in uns, Heiliger Geist
Brenne in uns, Heiliger Geist
Wirke in uns, Heiliger Geist
Atem Gottes, komm.

2. Komm, du Geist der Heiligkeit
Komm, du Geist der Wahrheit
Komm, du Geist der Liebe
Wir ersehnen dich
Refrain
Atme in uns, Heiliger Geist
Brenne in uns, Heiliger Geist
Wirke in uns, Heiliger Geist
Atem Gottes, komm.

3. Komm, du Geist, mach du uns eins
Komm, du Geist, erfülle uns
Komm, du Geist und schaff uns neu
Wir ersehnen dich.
Refrain
Atme in uns, Heiliger Geist
Brenne in uns, Heiliger Geist
Wirke in uns, Heiliger Geist
Atem Gottes, komm
(dt. Übersetzung: © Roger Ibounigg Melodie: Pierre, Vivienne Mugnier 1982)

19.2.

EG 255	**O dass doch bald dein Feuer**
W+ 88	**Wind kannst du nicht sehen**

EG 255   **O dass doch bald dein Feuer brennte**
Beim folgenden Lied von Gottfried Fickert (1812) ist der Heilige
Geist **ein Feuer**, das die ganze Welt erfasst.

1. O dass doch bald dein Feuer brennte,
du unaussprechlich Liebender,
und bald die ganze Welt erkennte,
dass du bist König, Gott und Herr!

Im 19. Jahrhundert entsteht ein globales Bewusstsein für die „ganze weite Welt". Fremde Kontinente, ihre Natur, ihre Kulturen wurden erstmalig erforscht (Alexander von Humboldt) und so heißt es in der achten Strophe:

8. Beleb, erleucht, erwärm, entflamme
doch bald die ganze weite Welt
und zeig dich jedem Völkerstamme
als Heiland, Friedefürst und Held.

Und in der neunten Strophe:

9. Dann tönen dir von Millionen
der Liebe Jubelharmonien,
und alle, die auf Erden wohnen,
knien vor den Thron des Lammes hin.
(Text: Georg Friedrich Fickert 1812, Melodie: Guillaume Franc 1543)

Das Lied ist aus demselben Zeitgeist geboren wie Schillers „Ode an die Freude" (1785) "Seid umschlungen Millionen! Diesen Kuss der ganzen Welt!" vertont im Schlusssatz der 9. Sinfonie (1823) von Ludwig van Beethoven. Angesprochen sind nicht einzelne Völker. Es geht um die ganze Menschheit.

Im Choral von Georg Friedrich Fickert macht **der Heilige Geist der Liebe** Menschen zu „Brüdern". Bei Schiller ist es die **„Freude".** Sie wird zum ahnungsvollen Zeichen eines „lieben Vaters", den wir über´m Sternenzelt suchen sollen.

Ode an die Freude (1785)
Friedrich Schiller (1759-1805)

Freude, schöner Götterfunken,
Tochter aus Elisium,
Wir betreten feuertrunken,
Himmlische, dein Heiligthum.

Deine Zauber binden wieder,
Was die Mode streng getheilt,
Alle Menschen werden Brüder,
Wo dein sanfter Flügel weilt.

Seid umschlungen Millionen!
Diesen Kuss der ganzen Welt!
Brüder – über´m Sternenzelt
muss ein lieber Vater wohnen.

Ihr stürzt nieder, Millionen.
Ahnest du den Schöpfer, Welt?
Such ihn, über´m Sternenzelt!
Über Sternen muss er wohnen.

W+ 88 Wind kannst du nicht sehen
Das Bild vom **Heiligen Geist als Wind** geht auf die
Pfingstgeschichte zurück, in der ein" Sturm, das ganze Haus
erfüllte", in dem die versammelte Gemeinde saß.

1. Wind kannst du nicht sehen,
ihn spürt nur das Ohr
flüstern oder brausen
wie ein großer Chor.

2. Wind kannst du nicht sehen;
Doch hör wie er spricht
Tief im Herzen Worte
voller Trost und Licht.

3. Wind kannst du nicht sehen,
aber was er tut:
Felder wogen,
Wellen Wandern in der Flut.

4. Geist kannst du nicht sehen,
doch wo er will sein,
weicht die Angst und
strömt die Freude mächtig ein.

5. Hergesandt aus Welten,
die noch niemand sah,
kommt der Geist zu uns,
und Gott ist selber da.
(Originaltext Anders Forstenson dt. Text: Markus Jenny 1991
Melodie: Erhard Wikfeldt 1958 © Verlag Herder)

20. Vor dem Abgrund des Nichts

Psalm 22, 2.3.

Mein Gott, mein Gott, warum hast du mich verlassen? Ich schreie, aber meine Hilfe ist ferne. Mein Gott, des Tages rufe ich, doch antwortest du nicht, und des Nachts, doch finde ich keine Ruhe.

20.1.
EG 80   **O Traurigkeit, o Herzeleid**
GL 295   **Gott, du gingst fort**
W+ 45

EG 80/ GL 295   O Traurigkeit, o Herzeleid
Die erste Strophe stammt von dem Jesuiten Friedrich Spee (1591-1635), die anderen von Johann Rist (1607-1667), einem gefeierten Dichter seiner Zeit. Es ist ein Lied zur Grablegung Jesu. Jede Strophe beginnt mit einem klagenden „O".
Die Melodie in e- moll bewegt sich im Raum einer verminderten Septime zwischen dis´ und c´´. Der Tiefpunkt wird mit dem dis´ bei „O Herzeleid!" erreicht, der Ausbruch nach oben auf die Worte. „Ist das nicht zu beklagen". Die zweite Zeile der zweiten Strophe wirkt im originalen Wortlaut bei Rist provokanter: „O große Not, Gott selbst liegt tot!"

1. O Traurigkeit,
o Herzeleid!
Ist das nicht zu beklagen?
Gott des Vaters einigs Kind
wird ins Grab getragen.

2. O große Not!
Gotts Sohn liegt tot.
Am Kreuz ist er gestorben;
hat dadurch das Himmelreich
uns aus Lieb erworben.

3. O Menschenkind,
nur deine Sünd
hat dieses angerichtet,
da du durch die Missetat
warest ganz vernichtet.

4. O selig ist
zu aller Frist,
der dieses recht bedenket,
wie der Herr der Herrlichkeit
wird ins Grab versenket.

5. O Jesu, du
mein Hilf und Ruh,
ich bitte dich mit Tränen:
Hilf, dass ich mich bis ins Grab
nach dir möge sehnen.
(Text: Str. 1 Friedrich Spee 1628; Str. 2-5 Johann Rist 1641
Melodie: Mainz/Würzburg 1628)

W+ 45   **Gott, du gingst fort**

„Gott, du gingst fort". Mit diesem lapidaren Satz, mit der Erfahrung
der Gottesferne, beginnt das nächste Lied aus dem Jahr 1969. Wo ist
Gott? Eine uralte Frage, angesichts von Kriegen, Katastrophen und
Schicksalsschlägen, die unser Leben bedrohen. Das Lied hat keine
Antwort auf diese Frage, nur eine Bitte: „Geh du mit in unsre Welt".
Da werden keine „Schwerter zu Pflugscharen", sondern aus
Schwertern werden Bomben! Es ist ein Lied an der Grenze zur
Resignation, weil die Spirale der Gewalt sich scheinbar
unaufhaltsam weiterdreht. „Gott, bist du tot?"

1. Gott, du gingst fort. Da blieb das Kreuz-
Bomben für Schwerter und Speere,
Leid, das nur wächst, Kreuz des Verrats
Über den Ärmsten der Erde.

2. Dunkel der Raum, Leere nimmt auf,
was wir voll Unruhe fragen:
Gott bist du tot? Wie sollen wir da
Für dich wirken und wagen?

3. Schlössen wir doch lieber uns ein,
uns zu verstecken vor allen.
Wo ist dein Gott? Fragen sie längst.
Hat er am Unrecht Gefallen?

4. Komm zu uns, Herr, lebensvoll, warm,
tröste, die zu dir sich drängen.
Gott, geh du mit in unsre Welt.
Hilf uns aus Zweifeln, aus Zwängen.
(Text: Jürgen Henkys Melodie: Torsten Sörensen © Strube Verlag München)

Die Melodie steht in der alten Klagetonart phrygisch mit ihrem charakteristischen Halbton f über dem Grundton e. Drei Phrasen enden auf diesem f wie eine nicht aufgelöste Frage. Der beengte Tonraum von d bis a fesselt die Melodie. Nach lauter Zweifeln und Fragen steht am Ende nur eine Bitte:
"Hilf uns aus Zweifeln und aus Zwängen."

Klage zu Gott, ja sogar Anklage Gottes haben in Liedern des 20. und 21. Jahrhundert mehr Raum bekommen. Die Aufgabe der Kirchenmusik lässt sich nicht auf ihr "Lobamt" reduzieren. Lob kann schwerfallen. Doch auch wer Gott seine Klage ins Gesicht schreit, oder ihn gar anklagt, der rechnet noch mit ihm.

20.2.

EG 528	**Ach, wie flüchtig, ach wie nichtig**
W+ 215	**Wie sollen wir es fassen**
FJV 114	**Die Welt ist aus den Fugen**

EG 528   **Ach, wie flüchtig, ach wie nichtig**

Das Lied von Michael Franck aus dem Jahr 1652 wendet erst in der Schlusszeile der letzten Strophe den Blick ab vom gähnenden Abgrund des Nichts. Mit dem Ausruf „Ach" beginnt jede Strophe. Der Ausruf „Ach" heißt im Hebräischen „Echa". Die Klagelieder müssten also eigentlich bei wörtlicher Übersetzung „Ach-Lieder" heißen. Die Klagelieder des Jeremia beklagen die Zerstörung Jerusalems und die babylonische Gefangenschaft des Volkes Israel.

Als das Lied Francks vier Jahre nach Ende des dreißigjährigen Krieges 1652 gedruckt wurde, steckte den Überlebenden der Schrecken noch in den Knochen. Die Zahl der Toten des Dreißigjährigen Krieges schwankt in der Forschung zwischen drei bis neun Millionen bei einer deutschen Gesamtbevölkerung von ca. 15 bis 20 Millionen Menschen. Nur wenige Landstriche wurden nicht verwüstet. Jede Ordnung lag in Trümmern. Nichts hatte sich als beständig erwiesen. Ein einziger kleiner Satz am Ende des Liedes zieht die Lehre aus dieser Katastrophe:
„Wer Gott fürcht', wird ewig stehen."

1. Ach wie flüchtig, ach wie nichtig
ist der Menschen Leben!
Wie ein Nebel bald entstehet
und auch wieder bald vergehet,
so ist unser Leben, sehet!

2. *Ach wie nichtig, ach wie flüchtig*
sind der Menschen Tage!
Wie ein Strom beginnt zu rinnen
und mit Laufen nicht hält innen,
so fährt unsre Zeit von hinnen.

3. *Ach wie flüchtig, ach wie nichtig*
ist der Menschen Freude!
Wie sich wechseln Stund und Zeiten,
Licht und Dunkel, Fried und Streiten,
so sind unsre Fröhlichkeiten.

4. *Ach wie nichtig, ach wie flüchtig*
ist der Menschen Schöne!
Wie ein Blümlein bald vergehet,
wenn ein raues Lüftlein wehet,
so ist unsre Schöne, sehet!

5. *Ach wie flüchtig, ach wie nichtig*
ist der Menschen Glücke!
Wie sich eine Kugel drehet,
die bald da, bald dorten stehet,
so ist unser Glücke, sehet!

6. *Ach wie nichtig, ach wie flüchtig*
sind der Menschen Schätze!
Es kann Glut und Flut entstehen,
dadurch, eh wir uns versehen,
alles muss zu Trümmern gehen.

7. *Ach wie flüchtig, ach wie nichtig*
ist der Menschen Prangen!
Der in Purpur hoch vermessen
ist als wie ein Gott gesessen,
dessen wird im Tod vergessen.

8. *Ach wie nichtig, ach wie flüchtig*
sind der Menschen Sachen!
Alles, alles, was wir sehen,
das muss fallen und vergehen.
Wer Gott fürcht', wird ewig stehen.
(Text und Melodie: Michael Franck 1652)

Das Lied erinnert unerbittlich an die Vergänglichkeit des Lebens. Wir sollen unser Herz nicht allzu sehr an vergängliche Dinge hängen, denn letztlich zählt nur, dass wir von Gott geliebte Menschen sind, die seine Liebe zu uns an andere Menschen weitergegeben haben. An einem jahrhundertealten Haus im schweizerischen Werdenberg las ich den Satz:

Diß hus ist min und doch nit min
wer vorher da, s´was ouch nit sin
wer nach mir kumt muoß ouch hinus
Sag lieber fründ wem ist diß hus?

Der Spruch wirkt auf mich wie ein Zwischenruf zum Innehalten mitten im geschäftigen Alltag.

Die Psalmverse, die Johannes Brahms in seinem „Deutschen Requiem" von 1865 vertont hat, schlagen den gleichen Ton an:

Herr, lehre doch mich, dass ein Ende mit mir haben muss, und mein Leben ein Ziel hat, und ich davon muss. Siehe, meine Tage sind einer Hand breit vor dir, und mein Leben ist wie nichts vor dir.
Ach, wie gar nichts sind alle Menschen, die doch so sicher leben. Sie gehen daher wie ein Schemen, und machen ihnen viel vergebliche Unruhe; sie sammeln und wissen nicht, wer es kriegen wird. Nun Herr, wess soll ich mich trösten? Ich hoffe auf dich. (Psalm 39, 4-7)

Brahms hat in seinem Requiem als Antwort darauf auch nur einen einzigen Satz aus der Weisheit Salomos gewählt, den Chor und Orchester auf dem Orgelpunkt D weit ausgreifend entfalten:
Der Gerechten Seelen sind in Gottes Hand und keine Qual rühret sie an. (Weisheit Salomos 3,4)

W+ 215   Wie sollen wir es fassen

Es gibt Momente des unfassbaren Leids, Momente, in denen wir keine Antwort auf unsere Fragen haben. Ein Mensch, der uns nahestand, ist aus dem Leben gerissen worden und wir können nur noch stammeln: *„Hilf uns, auf dich zu bauen, auf Segen, den du wirkst."* Die alte Melodie von *„Befiehl du deine Wege und was dein Herze kränkt, der allertreusten Pflege, des, der den Himmel lenkt"(EG 361),* auf die das Lied gesungen wird, verleiht den verzweifelten Worten einen tröstlichen Background und macht sie zu „Reimen auf das Ungereimte".

1. Wie sollen wir es fassen,
was nicht zu fassen ist?
Es fällt schwer loszulassen,
und doch bleibt keine Frist.
Wir hätten so viel Fragen,
wir brauchten doch noch Zeit.
Wohin mit unsren Klagen
und unsrer Traurigkeit?

2. Das Leben ist verflogen,
der Tod trat ein mit Macht.
Das Lachen? Fortgezogen,
erstickt von tiefster Nacht.
In uns herrscht Leere, Schweigen.
Wir können nichts mehr tun.
Wozu dies tiefe Neigen?
Warum dies Sterben, nun?

3. Viel schneller, als wir ahnten,
zerriss des Himmels Blau.
Durchkreuzt ist, was wir planten.
Die Welt scheint kalt und grau.
Was sein wird? Wer kann's sagen?
O Gott, das Fragen quält.
Hilfst du, das Leid zu tragen?
Hast du Trost, der jetzt zählt?

4. Lass uns, Gott, nicht versinken,
der Schmerz ist übergroß.
Dort, wo wir stolpern, hinken,
halt uns und lass nicht los.
Lass uns darauf vertrauen,
dass du das Leben birgst.
Hilf uns, auf dich zu bauen,
auf Segen, den du wirkst.

(Text: Eugen Eckert 1998 Melodie Bartholomäus Gesius 1653) © Strube Verlag München)

FJ V 214   Die Welt ist aus den Fugen

„Klagemauer" hat Albert Frey sein Lied „Die Welt ist aus den Fugen"
(2017) überschrieben. Er reagiert damit auf die Kritik, die
Worshipszene "könne nur Lobpreis". Die Klage fehle als Thema. Das
Lied hat keine klare Grundtonart. Es schwankt zwischen h-moll und
D-Dur und endet offen auf G.

1. Die Welt ist aus den Fugen,
Gebäude stürzen ein.
Die Pfeiler die uns trugen,
Erweisen sich als Schein.
Ich höre noch die Sprüche,
Der Selbstzufriedenheit.
Ein bitter süßes Echo aus einer besseren Zeit.
Gott, warum greifst du nicht ein?
Lässt du mich denn allein?
Mit meiner Wut und Trauer?
Gott, ich sehe keinen Sinn.
Ich werf dir alles hin.
an meine Klagemauer.

2. Warum kommen die Fluten?
Und Dämme halten nicht?
Warum trifft es die Guten?
Die Unschuld schützt sie nicht.
Ich bring dir meine Fragen.
Wohin sonst soll ich gehen?
Und wem sonst mein Leid klagen?
Wer sonst kann mich verstehn?
Gott, warum greifst du nicht ein?
Lässt du mich denn allein?
Mit meiner Wut und Trauer?
Gott, ich sehe keinen Sinn.
Ich werf dir alles hin.
an meine Klagemauer.
(Schluss)
Gott, auch wenn ich es nicht versteh,
Wohin sonst soll ich gehen?
(Text und Musik: Albert Frey ©2016 FREYKLANG)

21. Licht am Ende des Tunnels

Korinther 15, 55
Der Tod ist verschlungen in den Sieg. Tod, wo ist dein Sieg? Tod, wo ist dein Stachel?

„Das Leben ist tödlich", lautet ein verbreiteter Spruch. „Memento mori", „denke daran, dass Du sterben wirst", so erinnerte man in früheren Jahrhunderten den Menschen an seine Sterblichkeit und zugleich an die Frage: Was ist in Deinem Leben das Wichtigste?

Nicht nur angesichts der Vergänglichkeit deines eigenen Lebens, sondern auch angesichts deines vergänglichen Besitzes.

21.1.

EG 150	**Jerusalem du hochgebaute Stadt**
GL 553	**Wir feiern deine Himmelfahrt**
NL 216	
EG.E. 6	

EG 150/GL 553 Jerusalem du hochgebaute Stadt

Das Bild des „himmlischen Jerusalem" aus Offenbarung 21 bestimmt das folgende Lied (1626) von Johannes Matthias Meyfart. Es ist voll von Metaphern, die uns trösten sollen angesichts der Rätselhaftigkeit des Todes und der Ungewissheit des „Danach". Der geniale Beginn der Melodie ist im gesamten Gesangbuch ohne Entsprechung. Durch eine **Dreiklangsbrechung nach unten** auf das erste Wort *Jerusalem* wird die himmlische Stadt auf die Erde geholt. Mit vier Tönen wird der gesamte Umfang der Melodie von c1 bis c2 umrissen. Dieser Oktavraum wird nachträglich auf vielfältige Weise mit Sekundschritten und kleineren Sprüngen gefüllt. In der ersten Strophe schwingt sich das Herz *über Flur und Feld... und eilt aus dieser Welt*:

1. Jerusalem,
du hochgebaute Stadt,
wollt Gott, ich wär in dir.
Mein sehnend Herz
so groß Verlangen hat
und ist nicht mehr bei mir.
Weit über Berg und Tale,
weit über Flur und Feld
schwingt es sich über alle
und eilt aus dieser Welt.

Die Assoziation zum berühmten Gedicht „Mondnacht" von Joseph von Eichendorff (1788-1857) liegt nahe:

Und meine Seele spannte
Weit ihre Flügel aus,
Flog durch die stillen Lande,
Als flöge sie nach Haus.

Robert Schumann hat das ganze Gedicht unvergesslich als
Klavierlied vertont:

Es war, als hätt der Himmel
Die Erde still geküsst,
Dass sie im Blütenschimmer
Von ihm nun träumen müsst.

Die Luft ging durch die Felder,
Die Ähren wogten sacht,
Es rauschten leis die Wälder,
So sternklar war die Nacht.

Und meine Seele spannte
Weit ihre Flügel aus,
Flog durch die stillen Lande,
Als flöge sie nach Haus.

Bei Eichendorff fliegt die Seele an die Grenze zum Unsagbaren, das
er nur mit einem poetischen Bild zu fassen bekommt:
Als flöge sie nach Haus. Meyfart malt dieses Nachhause-Kommen
voll Begeisterung aus. Vorfreude, nicht Angst vor diesem letzten
Schritt soll das Sterben begleiten:

2. O schöner Tag und noch viel schönre Stund,
wann wirst du kommen schier,
da ich mit Lust,- mit freiem Freudenmund
die Seele geb von mir
in Gottes treue Hände zum auserwählten Pfand
dass sie mit Heil anlände
in jenem Vaterland?

Im Sterben werden wir auf Gott, den Urgrund unseres Seins treffen.
Dieser Moment wird poetisch ausgemalt. Ziel ist das himmlische
Jerusalem, die Ehrenburg.

3. O Ehrenburg, nun sei gegrüßet mir,
tu auf der Gnaden Pfort!
Wie große Zeit hat mich verlangt nach dir,
eh ich bin kommen fort
aus jenem bösen Leben, aus jener Nichtigkeit
und mir Gott hat gegeben
das Erb der Ewigkeit.

Nach der Einsamkeit des Sterbens empfängt mich eine große
Gemeinschaft, die Jesus mir entgegenschickt:

4. Was für ein Volk, was für ein edle Schar
kommt dort gezogen schon?
Was in der Welt an Auserwählten war,
seh ich: sie sind die Kron, die Jesus mir, der Herre,
entgegen hat gesandt, da ich noch war so ferne
in meinem Tränenland.

5. Propheten groß und Patriarchen hoch,
auch Christen insgemein,alle, die einst
trugen des Kreuzes Joch und der Tyrannen Pein,
schau ich in Ehren schweben, in Freiheit überall,
mit Klarheit hell umgeben,
mit sonnenlichtem Strahl.

6. Wenn dann zuletzt ich angelanget bin
im schönen Paradeis, von höchster Freud
erfüllet wird der Sinn, der Mund von Lob und Preis.
Das Halleluja reine man spielt in Heiligkeit,
das Hosianna feine ohn End in Ewigkeit.

Im "Freudensaal" erklingt Musik von "Chören ohne Zahl":

7. Mit Jubelklang, mit Instrumenten schön,
in Chören ohne Zahl, dass von dem Schall
und von dem süßen Ton sich regt der Freudensaal,
mit hunderttausend Zungen, mit Stimmen noch viel mehr,
wie von Anfang gesungen das große Himmelsheer.
(Text: Johann Matthäus Meyfart 1626)

So erfahre ich eine letztendliche Geborgenheit in Gott.
Ich erinnere an die Strophe aus dem Weihnachtslied "Fröhlich soll
mein Herze springen" (EG 36) von Paul Gerhardt, der Worte für das
Unsagbare gefunden hat:
    *„Mit dir will ich endlich schweben, **voller Freud ohne Zeit**, dort im*
andern Leben.“

Glaube vertraut auf diese Verheißung: Wir gehen einem anderen
Land entgegen, das **voller Freud, aber ohne Zeit** ist.
Was das „ohne Zeit" zu leben heißt, liegt jenseits unserer
Vorstellungskraft. Trotzdem können uns als „Zeitwesen" solche

tröstlichen Bilder vom Nachhausekommen, von der Musik im *Freudensaal* Gottes helfen und trösten.

David Friedrich Strauß (1808-1874), der theologische Rebell aus dem Tübinger Stift und Zeitgenosse von Eduard Mörike, hat auch ein Sterbegedicht geschrieben. Es steht Eichendorff näher als Meyfart. Strauß studierte ab 1825 Theologie am Evangelischen Stift in Tübingen. Seine 1835/36 erschienene Schrift *„Das Leben Jesu, kritisch bearbeitet"* war sehr umstritten. Er unterscheidet darin zwischen der historischen Person Jesu von Nazareth und dem Christus des Glaubens. Biblische Erzählungen waren für ihn mythisch und er verstand sie als Deutungen der urchristlichen Gemeinde. Strauß dichtete die Strophen seines Sterbeliedes "Letzter Hauch" wenige Wochen vor seinem eigenen Tod am 8. Februar 1874. Er spricht nicht von der Hoffnung auf Auferstehung. Sterben vergleicht er mit einem Ton, dessen Schwingung sich im Unendlichen verliert. Er sucht nicht nach Metaphern für das, was nach dem Tod kommt, aber er findet Metaphern für den Moment des Sterbens:

Wie ein Licht verglimmt" und *„zergehen wie ein Licht".*

Strauß nimmt zwar die Tatsache des Sterbens an: *„Ich klage nicht, ich zage nicht".* Doch da ist kein *Jubelklang mit Instrumenten schön, in Chören ohne Zahl* wie bei Meyfart, nur ein "verschwimmender" Ton:

Letzter Hauch
Wem ich dieses klage,
Weiß, ich klage nicht;
Der ich dieses sage,
Fühlt, ich zage nicht.
Heute heißt´s: verglimmen,
Wie ein Licht verglimmt,
In die Luft verschwimmen,
Wie ein Ton verschwimmt.

Möge schwach, wie immer,
Aber hell und rein,
Dieser letzte Schimmer,
Dieser Ton nur sein.
(Hausbuch Deutscher Lyrik, gesammelt von Ferdinand Avenarius 1902)

W+ 216/ EG.E. 6   Wir feiern deine Himmelfahrt

Detlev Block sucht in seinem Himmelfahrtslied von 1978 Gott nicht dort, „wo der Himmel ist", sondern für ihn ist der „Himmel dort, wo Gott ist". Und Gott ist "entgrenzt". Gott entschwindet an Himmelfahrt nicht in seinen Himmel, sondern im Gegenteil, erst durch seine Himmelfahrt ist er „immer für uns da, entgrenzt von Raum und Stunde".

Das Reich, in das Jesus wiederkehrt, „ist keine ferne Höhe", sondern in unserer Nähe.

Das Wort „Macht" kommt fünfmal im Lied vor. Das hat seinen Grund. Die Nachkriegsgeneration hatte erfahren, was der Zusammenbruch der Großmachtträume des Dritten Reichs und der 2. Weltkrieg mit über 60 Millionen Toten mit den Überlebenden und den nachfolgenden Generationen gemacht hat. Die Machtfrage war nicht nur eine politische, sie wurde zur existenziellen Frage. Wem vertrauen wir künftig die Macht über uns und unser Leben an? Das Lied antwortet auf diese Frage mit einer Bitte: „Nimm uns in **deinen** Machtbereich". Sucht Gott nicht im Himmel. Der Himmel ist nicht da, wo wir fanatisiert selbsternannten Führern hinterherlaufen, sondern: „Ein Stück Himmel ist, wo wir dein Wort bezeugen".

1. Wir feiern deine Himmelfahrt mit Danken und mit Loben. Gott hat sich machtvoll offenbart, das Kreuz zum Sieg erhoben. Er sprach sein wunderbares Ja. Nun bist du immer für uns da, entgrenzt von Raum und Stunde.

2. Das Reich, in das du wiederkehrst, ist keine ferne Höhe. Der Himmel, dem du zugehörst, ist Herrschaft und ist Nähe. Präg du uns ein, Herr Jesu Christ: Gott ist nicht, wo der Himmel ist; wo Gott ist, da ist Himmel.

3. Nimm uns in deinen Machtbereich, gib Kraft zu Tat und Leiden und mach uns deinem Wesen gleich im Wollen und Entscheiden. Wir freuen uns, Herr Jesu Christ, dass da auch ein Stück Himmel ist, wo wir dein Wort bezeugen.

4. Du hast die Angst der Macht beraubt, das Maß der Welt verwandelt. Die wahre Macht hat nur, wer glaubt und aus dem Glauben handelt. Wir danken dir, Herr Jesu Christ, dass dir die Macht gegeben ist im Himmel und auf Erden.

5. Du trittst beim Vater für uns ein, auch wenn wir es nicht sehen.
Trotz Widerspruch und Augenschein kann uns doch nichts geschehen,
was deinem Wort, Herr Jesu Christ, und deinem Sieg entgegen ist. Hilf
uns darauf vertrauen.

6. Wenn diese Welt zu Ende geht, bewahre und errette, was deinem
Namen untersteht. Bereite uns die Stätte und hol uns heim, Herr Jesu
Christ, dahin, wo du der König bist, der Friede ohne Ende.
(Text: © Detlev Block 1978 Melodie: Johann Crüger 1653)

21.2.

EG 527	**Die Herrlichkeit der Erden**
EG 529	**Ich bin ein Gast auf Erden**
W+ 75	**Schenk uns Zeit**

EG 527   Die Herrlichkeit der Erden
Der Mystiker Andreas Gryphius hat sich im 17. Jahrhundert die
Frage gestellt: Was bleibt im Schmelztiegel der Vergänglichkeit
übrig? Ruhm, "weises Wissen", Besitz sind vergänglich. „Verlache
Welt und Ehre". Die 8. Strophe zieht den Schluss: *Auf, Herz, wach*
und bedenke, dass dieser Zeit Geschenke den Augenblick nur dein. Im
Angesicht der Ewigkeit Gottes wird unsere begrenzte Lebenszeit
zum Geschenk. Was fangen wir mit diesem Geschenk an?

1. Die Herrlichkeit der Erden
muss Rauch und Asche werden,
kein Fels, kein Erz kann stehn.
Dies, was uns kann ergötzen,
was wir für ewig schätzen,
wird als ein leichter Traum vergehn.

2. Der Ruhm, nach dem wir trachten,
den wir unsterblich achten,
ist nur ein falscher Wahn;
sobald der Geist gewichen
und dieser Mund erblichen,
fragt keiner, was man hier getan.

3. Es hilft kein weises Wissen,
wir werden hingerissen
ohn einen Unterscheid.
Was nützt der Schlösser Menge?
Dem hier die Welt zu enge,
dem wird ein enges Grab zu weit.

4. Dies alles wird zerrinnen,
was Müh und Fleiß gewinnen
und saurer Schweiß erwirbt.
Was Menschen hier besitzen,
kann vor dem Tod nichts nützen;
dies alles stirbt uns, wenn man stirbt.

5. Wie eine Rose blühet,
wenn man die Sonne siehet
begrüßen diese Welt,
die, eh der Tag sich neiget,
eh sich der Abend zeiget,
verwelkt und unversehens fällt:

6. So wachsen wir auf Erden
und denken groß zu werden,
von Schmerz und Sorgen frei;
doch eh wir zugenommen
und recht zur Blüte kommen,
bricht uns des Todes Sturm entzwei.

7. Wir rechnen Jahr auf Jahre;
indessen wird die Bahre
uns vor die Tür gebracht.
Drauf müssen wir von hinnen
und, eh wir uns besinnen,
der Erde sagen: Gute Nacht!

8. Auf, Herz, wach und bedenke,
dass dieser Zeit Geschenke
den Augenblick nur dein.
Was du zuvor genossen,
ist als ein Strom verschossen;
was künftig, wessen wird es sein?

9. Verlache Welt und Ehre,
Furcht, Hoffen, Gunst und Lehre
und geh den Herren an,
der immer König bleibet,
den keine Zeit vertreibet,
der einzig ewig machen kann.

10. Wohl dem, der auf ihn trauet!
Er hat recht fest gebauet,
und ob er hier gleich fällt,
wird er doch dort bestehen
und nimmermehr vergehen,
weil ihn die Stärke selbst erhält.
(Text: Andreas Gryphius 1650 Melodie: Heinrich Isaac um 1495))

Kurt Marti hat in seinem Essay „*Götze Ewigkeit oder Ewigkeit Gottes*"
betont, dass nur Gott ewig ist:

Worin unterscheidet sich Gott von seinen Geschöpfen? Durch seine
Ewigkeit. So lehrt die Theologie seit jeher: Wir sind zeitlich, er ist
ewig... Um ganz persönlich, ganz subjektiv zu sprechen: Ich glaube,
dass ich von Gott nicht für die Ewigkeit, sondern für ein zeitliches
Leben geschaffen worden bin. Ich halte es sogar für ziemlich
unanständig, ewig leben und damit wie Gott sein zu wollen. Ewig Kurt
Marti oder ein ewiger Kurt Marti sein zu müssen – unausdenkbar,
entsetzlich!... Zu gerne würde ich etwas vom Geheimnis Gottes
erfahren dürfen. Also doch Ewigkeit? Ja, aber diejenige Gottes.
D a v o n möchte ich noch etwas „sehen" dürfen wenigstens einen
Zipfel, einen Lichtstreifen oder was immer. Und ich stelle mir vor, dass
ein solcher Anblick, und wär´s nur ein Augen-Blick, genügen würde
für immer, dass danach kein Wunsch mehr offen bliebe, kein weiteres
Leben noch erstrebenswert, noch sinnvoll wäre. Danach gäbe es nichts
mehr, doch wäre dieses Nichts nun mehr ein göttliches, kein
nihilistisches."
(Kurt Marti: O Gott! Lachen Weinen Lieben S. 64-66 1995 © Radius Verlag, Stuttgart).

Vielleicht dachte Paul Gerhardt in der Schlussstrophe seines
Passionslieds (EG 85) an diesen Augenblick im Moment des Todes:

Erscheine mir zum Schilde,
zum Trost in meinem Tod,
und lass mich sehn dein Bilde
in deiner Kreuzesnot.

Oder in „Nun danket all und bringet Ehr"

Er drücke, wenn das Herze bricht,
uns unsre Augen zu
und zeig uns drauf sein Angesicht
dort in der ewgen Ruh. (EG 322, 9)

Paul Gerhardt ist derselbe Dichter, der einerseits mit „Geh aus, mein Herz, und suche Freud" (EG 503) ein Lied voll praller Lebensfreude gedichtet hat und andererseits in der 8. Strophe seines folgenden Liedes Worte findet für eine radikale Todessehnsucht:

„*Je länger ich hier walle, je wen´ger find ich Freud*".

EG 529   Ich bin ein Gast auf Erden

1. Ich bin ein Gast auf Erden
und hab hier keinen Stand;
der Himmel soll mir werden,
da ist mein Vaterland.
Hier reis ich bis zum Grabe;
dort in der ewgen Ruh
ist Gottes Gnadengabe,
die schließt all Arbeit zu.

2. Was ist mein ganzes Wesen
von meiner Jugend an
als Müh und Not gewesen?
Solang ich denken kann,
hab ich so manchen Morgen,
so manche liebe Nacht
mit Kummer und mit Sorgen
des Herzens zugebracht.
3. Mich hat auf meinen Wegen
manch harter Sturm erschreckt;
Blitz, Donner, Wind und Regen
hat mir manch Angst erweckt;
Verfolgung, Hass und Neiden,
ob ich's gleich nicht verschuld't,
hab ich doch müssen leiden
und tragen mit Geduld.

4. So ging's den lieben Alten,
an deren Fuß und Pfad
wir uns noch täglich halten,
wenn's fehlt am guten Rat;
sie zogen hin und wieder,
ihr Kreuz war immer groß,
bis dass der Tod sie nieder
legt in des Grabes Schoß.

5. Ich habe mich ergeben
in gleiches Glück und Leid;
was will ich besser leben
als solche großen Leut?
Es muss ja durchgedrungen,
es muss gelitten sein;
wer nicht hat wohl gerungen,
geht nicht zur Freud hinein.

6. So will ich zwar nun treiben
mein Leben durch die Welt,
doch denk ich nicht zu bleiben
in diesem fremden Zelt.
Ich wandre meine Straße,
die zu der Heimat führt,
da mich ohn alle Maße
mein Vater trösten wird.

Das Bild des Wanderns erinnert nochmal an ein Lied aus der Winterreise von Franz Schubert. Im Lied "Der Wegweiser" aus Schuberts Winterreise (Nr.20) stehen die Zeilen:
...und ich wandre sonder Maßen, ohne Ruh und suche Ruh.
Einen Weiser seh ich stehen unverrückt vor meinem Blick; eine Straße
muss ich gehen, die noch keiner ging zurück.

Für Paul Gerhardt hat der Wegweiser die Aufschrift "Heimat":

7. Mein Heimat ist dort droben,
da aller Engel Schar
den großen Herrscher loben,
der alles ganz und gar
in seinen Händen träget
und für und für erhält,
auch alles hebt und leget,
wie es ihm wohlgefällt.

8. Zu dem steht mein Verlangen,
da wollt ich gerne hin;
die Welt bin ich durchgangen,
dass ich's fast müde bin.
Je länger ich hier walle,
je wen'ger find ich Freud,
die meinem Geist gefalle;
das meist ist Herzeleid.

9. Die Herberg ist zu böse,
der Trübsal ist zu viel.
Ach komm, mein Gott, und löse
mein Herz, wenn dein Herz will;
komm, mach ein seligs Ende
an meiner Wanderschaft,
und was mich kränkt, das wende
durch deinen Arm und Kraft.

10. Wo ich bisher gesessen,
ist nicht mein rechtes Haus.
Wenn mein Ziel ausgemessen,
so tret ich dann hinaus;
und was ich hier gebrauchet,
das leg ich alles ab,
und wenn ich ausgehauchet,
so scharrt man mich ins Grab.

11. Du aber, meine Freude,
du meines Lebens Licht,
du ziehst mich, wenn ich scheide,
hin vor dein Angesicht
ins Haus der ewgen Wonne,
da ich stets freudenvoll
gleich wie die helle Sonne
mit andern leuchten soll.

12. Da will ich immer wohnen
– und nicht nur als ein Gast -
bei denen, die mit Kronen
du ausgeschmücket hast;
da will ich herrlich singen
von deinem großen Tun
und frei von schnöden Dingen
in meinem Erbteil ruhn.
(Text: Paul Gerhardt 1666/67 Melodie: Hans Leo Haßler 1601)

W+ 75 Schenk uns Zeit

Im Licht der Vergänglichkeit wird unsere Lebenszeit unendlich
wertvoll. Wofür haben wir Zeit? Wie verbringen wir unsere Zeit?
Was ist erfüllte Zeit? In einfachen Sätzen sucht das Lied nach
Antworten auf diese Fragen.

Refrain:
Schenk uns Zeit, schenk uns Zeit, Zeit aus deiner Ewigkeit. Schenk uns
Zeit, schenk uns Zeit, Zeit aus deiner Ewigkeit.

1.   *Zeit zum Nehmen, Zeit zum Geben, Zeit zum miteinander*
    Leben. Schenk uns Zeit ...

2.   *Zeit zum Trinken, Zeit zum Essen, Zeit, um keinen zu*
    vergessen. Schenk uns ...

3.   *Zeit zum Beten, Zeit zum Klagen, Zeit, dir, Gott, auch Dank*
    zu sagen. Schenk ...
    (Text: © Rolf Krenzer Melodie: Roberto Confuzio)

"Schenk uns Zeit aus deiner Ewigkeit". Die Aussage ist paradox, denn
die Ewigkeit ist ja die Abwesenheit von Zeit. Und doch es gibt
Momente, in denen wir plötzlich das Gefühl haben, etwas Ewiges zu
berühren. Wir scheinen "Probesekunden" der Ewigkeit zu erleben.

22. Das Buch des Lebens

Offenbarung 20,12:
Und ein andres Buch wurde aufgetan, welches ist das Buch des Lebens. Und die Toten wurden gerichtet nach dem, was in den Büchern geschrieben steht, nach ihren Werken.

Wenn wir über Schuld und Vergebung nachdenken, kommen wir am Begriff des „Jüngsten Gerichts" nicht vorbei. Im „Dies irae", dem zweiten Satz aus der katholischen Totenmesse, werden Himmel und Hölle klar unterschieden:
Am „Tag des Zorns" (Dies irae), so heißt es dort, wird es
„viel Zittern geben, wenn der Richter erscheinen wird, um alles streng zu prüfen.
(*„Quantus tremor est futurus, quando iudex est venturus, cuncta stricte discussurus".*)

„Ein geschriebenes Buch wird nach vorne getragen werden, das alles enthalten wird, was die Welt sühnen soll".
(*„Liber scriptus proferetur, in quo totum continetur unde mundus iudicetur"*).

Nichts wird unvergolten bleiben. Was werde ich Elender dann sagen? Welchen Anwalt werde ich erbitten, wenn selbst der Gerechte kaum sicher sein kann?"
(*„Quid sum miser tunc dicturus? Quem patronum rogaturus, cum vix iustus sit securus ?"*).

Im Chorbogen vieler mittelalterlicher Kirchen wird den Gläubigen Christus als der Weltenrichter in der Mitte thronend gezeigt, der die Verdammten in die Hölle zu den Teufeln und die Gerechten in den Himmel zu den Engeln schickt. (z. B. in St. Georg, Reichenau). Wollen wir zurück ins Mittelalter, wo die Kirche ihre Gläubigen mit diesen Bildern disziplinierte?

Kurt Marti hat mit seinem Gedicht *„wenn die bücher aufgetan werden"* dagegengehalten und lässt Gott sagen:
„Habt ihr mich für einen Eckenspäher und Schnüffler gehalten?"
„Nicht eure Sünde war zu groß – Eure Lebendigkeit war zu klein!"

Die Metapher vom Buch, in dem die Verfehlungen der Menschen aufgezeichnet sind, taucht auch in der japanischen Manga-Serie „Death Note" auf, die von 2003 bis 2006 nach einer Geschichte von Tsugumi Ōba vom japanischen Zeichner Takeshi Obata gezeichnet wurde. Sie handelt vom Schüler *Light Yagami*, der mit einem zufällig gefundenen Buch – dem „Death Note", dem Todesbuch – andere Menschen töten kann, wenn er ihren Namen erfährt und ihn ins

Todesbuch schreibt. Diese Möglichkeit setzt er ein, um sein Gerechtigkeitsideal umzusetzen. Wenn er die Namen von Straftätern herausbekommt, trägt er sie in sein Buch ein und sie sterben auf der Stelle. Als er begreift, welche Macht er mit diesem Buch besitzt, wird er größenwahnsinnig und hält sich für Gott. Aber es ist ein Pakt mit einem teuflischen Dämon, der das Buch verloren hat. Welche furchtbaren Folgen es hat, wenn nicht Gott, sondern einem Menschen die Entscheidung über Gerechtigkeit, über Leben und Tod überlassen wird, lehrt diese Geschichte.

Vor diesem Hintergrund lesen sich die Lieder aus dem 19. Jahrhundert, die vom „Buch des Lebens" sprechen, ganz anders:

22.1.
EG 207　　　**Nun schreib ins Buch des Lebens**
EG 523　　　**Valet will ich Dir geben**

EG 207　　　**Nun schreib ins Buch des Lebens**
1. Nun schreib ins Buch des Lebens,
Herr, ihre Namen ein,
und lass sie nicht vergebens
dir zugeführet sein. Offb 20,12

2. Ach präge jedem Kinde
dein Wort recht tief ins Herz,
dass es, bewahrt vor Sünde,
dir dien´ in Freud und Schmerz.

3. Du, der du selbst das Leben,
der Weg, die Wahrheit bist,
uns allen wollst du geben
dein Heil, Herr Jesu Christ. Joh 14,6
(Text: Straßburg 1850 Melodie: Melchior Vulpius 1609)

Auch im Sterbelied „Valet will ich dir geben, du arge, falsche Welt" von Valerius Herberger (1614) ist vom Buch des Lebens die Rede:

EG 523　　　**Valet will ich Dir geben**
1. Valet will ich dir geben,
du arge, falsche Welt;
dein sündlich böses Leben
durchaus mir nicht gefällt.
Im Himmel ist gut wohnen,
hinauf steht mein Begier,
da wird Gott herrlich lohnen

dem, der ihm dient allhier.

5. Schreib meinen Nam aufs beste
*Ins **Buch des Lebens** ein*
Und bind mein Seel gar feste
Ins schöne Bündelein
Der´, die im Himmel grünen
Und vor dir leben frei,
so will ich ewig rühmen,
dass dein Herz treue sei.
(Text: Valerius Herberger 1614 Melodie: Melchior Teschner 1614)

Das Bild vom Buch des Lebens habe ich bei Liedern aus der Gegenwart nicht gefunden. Das hat offensichtlich etwas mit den theologischen Problemen dieser Metapher zu tun, die Kurt Marti in seinem oben zitierten Gedicht angedeutet hat.

Das Bild behält aber seine Bedeutung, denn es beschreibt Gott nicht als Datensammler unserer Vergehen, er führt kein Buch des Todes, kein Death-Notebook, sondern ein Buch des Lebens. Die Namen aller Menschen sind in einem Buch festgehalten als Zeichen dafür, dass Gott keinen vergisst. Das ist tröstlich.

23. Aufstand – Aufstehen – Auferstehen

Drei Bibelworte stelle ich voran:

Aufstand

Apg. 12, 7

*Und siehe, der Engel des Herrn kam herein und Licht leuchtete auf in dem Raum; und er stieß Petrus in die Seite und weckte ihn und sprach: **Steh schnell auf!** Und die Ketten fielen ihm von seinen Händen. 8 Und der Engel sprach zu ihm: Gürte dich und zieh deine Schuhe an! Und er tat es. Und er sprach zu ihm: Wirf deinen Mantel um und folge mir!*

Aufstehen

Joh. 5,8

*Jesus spricht zu ihm: **Steh auf**, nimm dein Bett und geh hin! 9 Und sogleich wurde der Mensch gesund und nahm sein Bett und ging hin.*

Auferstehen

Luk. 24, 30-35

30 Und es geschah, als er mit ihnen zu Tisch saß, nahm er das Brot, dankte, brach's und gab's ihnen. 31 Da wurden ihre Augen geöffnet, und sie erkannten ihn. Und er verschwand vor ihnen.
32 Und sie sprachen untereinander: Brannte nicht unser Herz in uns, da er mit uns redete auf dem Wege und uns die Schrift öffnete?

*33 **Und sie standen auf** zu derselben Stunde, kehrten zurück nach Jerusalem und fanden die Elf versammelt und die bei ihnen waren; 34 die sprachen: Der Herr ist wahrhaftig auferstanden und dem Simon erschienen. 35 Und sie erzählten ihnen, was auf dem Wege geschehen war und wie er von ihnen erkannt wurde, da er das Brot brach.*

Wir wissen nicht, was nach dem Tode kommt. Mein Ich- ewig? Nein, das wäre die Hölle. Nur Gott ist der Zeit enthoben und ewig. In Gottes Ewigkeit gehen wir ein und die wird schöpferisch sein, weil Gott der Schöpfer des Sichtbaren und Unsichtbaren ist. Das muss genügen. Mehr als Kurt Marti es in seinen „Leichenreden" in Worte fasst, lässt sich über Auferstehung im Hier und Jetzt nicht sagen:

Ihr fragt gibt´s eine Auferstehung der Toten ich weiß es nicht.
Ich weiß nur wozu ER uns ruft, zur Auferstehung heute und jetzt.

Jesu Tod am Kreuz ist ein Aufstand der Liebe gegen die Gewalt und eine Auferstehung zum Leben. Der Mob wünschte sich keinen Messias, der sich wehrlos in sein Schicksal fügt, sondern einen, der endlich einen Aufstand gegen die römische Besatzung anzettelt und ein Gottesreich in Israel errichtet. Einem solchen Messias hatten sie tags zuvor bei seinem Einzug in Jerusalem fanatisch „Hosianna" zugerufen. Nun sagt er zum römischen Statthalter Pilatus „sein Reich sei nicht von dieser Welt". Die Enttäuschung der Menge muss riesig gewesen sein. Die Begeisterung schlug in Wut um und sie forderten von Pilatus: „Kreuzige, kreuzige ihn".

An Karfreitag wurde ein Unschuldiger hingerichtet. Ein tragischer Justizirrtum. Um den Kreislauf der Gewalt, das „Wie du mir, so ich dir" zu durchbrechen, gab es für ihn keinen anderen Weg als den Kreuzweg. Denn Jesus setzte auf die Macht der Liebe statt auf die Macht der Gewalt. Das ist der Grund, weshalb sein Sterben am Kreuz eine Dynamik der Liebe in Gang bringt und uns erlösen will vom Glauben an die Macht durch Gewalt. Wie Jesus sein Schicksal annahm, das unterschied sich so fundamental von den Hinrichtungserfahrungen seiner Peiniger, dass selbst der römische Hauptmann stutzte und angesichts des Sterbens Jesu am Kreuz ausrief: *Wahrhaftig, das ist Gottes Sohn gewesen.*

23.1.

EG 98 Korn, das in die Erde
W+ 219 Wir stehen im Morgen
EG.E. 5

EG 98 Korn, das in die Erde
Karfreitag als Tag der Kreuzigung, Karsamstag als Tag der
Grablegung Jesu und Ostern als Tag der Auferstehung, diese drei
aufeinander folgenden Tage des Kirchenjahres spiegeln sich in den
drei Strophen des nächsten Liedes und symbolisieren den Weg Jesu
vom Tod zum Leben. Aus dem Korn, das in die Erde fällt und stirbt,
erwächst neues Leben. Die Botschaft Jesu kann nicht gekreuzigt und
getötet werden. Sie sprengt auch sein Grab. Das ist die
Ostererfahrung der ersten Gemeinden.

1. Korn, das in die Erde, in den Tod versinkt,
Keim, der aus dem Acker in den Morgen dringt -
Liebe lebt auf, die längst erstorben schien:
Liebe wächst wie Weizen, und ihr Halm ist grün. Joh 12,24

2. Über Gottes Liebe brach die Welt den Stab,
wälzte ihren Felsen vor der Liebe Grab.
Jesus ist tot. Wie sollte er noch fliehn?
Liebe wächst wie Weizen und ihr Halm ist grün.

3. Im Gestein verloren Gottes Samenkorn,
unser Herz gefangen in Gestrüpp und Dorn -
hin ging die Nacht, der dritte Tag erschien:
Liebe wächst wie Weizen und ihr Halm ist grün.
(Text: Jürgen Henkys Melodie: Melodie: Noel nouvelet 15. Jhd. © Strube Verlag)

W+ 219 Wir stehen im Morgen
EG.E. 5
Dieses Refrainlied ist ein Tanzlied mit einer beschwingten Melodie
im 6/8 Takt. Die erste Strophe endet:

„Erstanden ist Christus, ein Tanz setzt ein".

Er beginnt mit dem Halleluja des Refrains.
Tanz im Gottesdienst war in Europa lange Zeit ein Tabu. Das hat
sich geändert. Der schwingende 6/8-Takt reizt zum Tanzen,
besonders beim Refrain mit seinem österlichen Halleluja.

1. *Wir stehen am Morgen. Aus Gott ein Schein*
durchblitzt alle Gräber. Es bricht ein Stein.
Erstanden ist Christus. Ein Tanz setzt ein.
Refrain: *Halleluja. Es bricht ein Stein,*
Halleluja. Ein Tanz setzt ein.

2. *Ein Tanz, der um Erde und Sonne kreist:*
Der Reigen in Christus, voll Kraft und Geist.
Ein Tanz, der uns alle dem Tod entreißt.
Refrain: *Halleluja. Es bricht ein Stein,*
Halleluja. Ein Tanz setzt ein.

3. *An Ostern, o Tod, war das Weltgericht.*
Wir lachen dir frei in dein Angesicht.
Wir lachen dich an, du bedrohst uns nicht.
Refrain: *Halleluja. Es bricht ein Stein,*
Halleluja. Ein Tanz setzt ein.

4.*Wir folgen dem Christus, der mit uns zieht,*
stehn auf, wo der Tod und sein Werk geschieht,
im **Aufstand** *erklingt unser Osterlied.*
Refrain: *Halleluja. Es bricht ein Stein,*
Halleluja. Ein Tanz setzt ein.

5. *Am Ende durchziehn wir, von Angst befreit,*
die düstere Pforte, zum Tanz bereit.
Du selbst gibst uns, Christus, das Festgeleit.
Refrain: *Halleluja. Es bricht ein Stein,*
Halleluja. Ein Tanz setzt ein.
(Text: Jörg Zink Melodie: Hans-Jürgen Hufeisen © Hans-Jürgen Hufeisen)

Jörg Zink redet den Tod an:
„*Wir lachen dir frei in dein Angstgesicht. Wir lachen dich an- du*
bedrohst uns nicht. Halleluja". Das Lachen und der Humor sind Gift
für den Tod und Medizin für das Leben. Wer die Angst vor dem Tod
verloren hat, kann ihn „*anlachen*".
Das erlösende Lachen ist ein alter Osterbrauch. Nach der trüben
Fastenzeit bringt ein Witz im Ostergottesdienst die Gemeinde zum
Lachen. In die Kategorie „Osterwitz" fällt für mich auch die
humorvoll-trockene Antwort des berühmten Schauspielers Sir Peter
Ustinov auf die Frage: „*Was soll einmal auf Ihrem Grabstein stehen?*"
Er antwortete: „*Bitte den Rasen nicht betreten!*"
(„Keep out of grass!"). Der Tod soll uns nicht das Leben verderben.

23.2.

EG 99   **Christ ist erstanden**
W+ 164   **In einer fernen Zeit**
EG.E. 4

EG 99 Christ ist erstanden

Zu allen großen Festen des Kirchenjahres gab es schon vor der
Reformation deutschsprachige Liedstrophen für das Volk. Sie hießen
„Leisen", weil sie mit dem Ruf *Kyrie eleison* („Herr erbarme dich")
schlossen. Jubelndes Halleluja und Kyrie treffen in dem alten
Osterlied aufeinander:

1. Christ ist erstanden
von der Marter alle;
des solln wir alle froh sein,
Christ will unser Trost sein.
Kyrieleis.

2. Wär er nicht erstanden,
so wär die Welt vergangen;
seit dass er erstanden ist,
so lobn wir den Vater Jesu Christ'.
Kyrieleis.

3. Halleluja, Halleluja, Halleluja!
Des solln wir alle froh sein,
Christ will unser Trost sein.
Kyrieleis.
(Text: Bayern; Österreich 12. bis 15. Jh. Melodie: Früheste Fassung 1160)

W+ 164   In einer fernen Zeit
EG.E. 4

In dem Passionslied von 2010 wird die Passionsgeschichte aus der
„fernen Zeit" in die Gegenwart geholt. Aus dem Mitleid des
Menschen mit einem zu Unrecht Gekreuzigten wird Mitleid Gottes
mit allen Menschen, die bis heute dasselbe Schicksal erleiden.
Im Leiden lebt Jesus vor, *was wirklich trägt und hält*. Dieser sich
erbarmende Gott wird in der Schlussstrophe angerufen. Gottes
Auferstehung geschieht jetzt, denn er will in uns auferstehen:
Beim Mystiker Angelus Silesius (1624 - 1677) steht der Satz:

Und wäre Christus tausendmal in Bethlehem geboren,
und nicht in dir: Du bliebest doch in alle Ewigkeit verloren".

Er lässt sich auch auf Ostern ummünzen:
*Und wäre Christus an Ostern tausendmal aus dem Grabe auferstanden
und nicht in dir, du bliebest doch in Ewigkeit dem Tode ausgeliefert.*

*1. In einer fernen Zeit
gehst Du nach Golgatha,
erduldest Einsamkeit,
sagst selbst zum Sterben ja.*

*2. Du weißt, was Leiden ist.
Du weißt, was Schmerzen sind,
der Du mein Bruder bist,
ein Mensch und Gottes Kind.*

*3. Verlassen ganz und gar
von Menschen und von Gott.
Bringst Du Dein Leben dar
und stirbst den Kreuzestod.*

*4. Stirbst draußen vor dem Tor,
stirbst mitten in der Welt.
Im Leiden lebst Du vor,
was wirklich trägt und hält.*

Auch die Auferstehung bleibt als historisches Ereignis unbedeutend
ohne diese radikale Vergegenwärtigung. Deshalb endet das Lied mit
der Bitte:

*5. Erstehe neu in mir.
Erstehe jeden Tag.
Erhalte mich bei Dir,
was immer kommen mag.
Amen.*
(Text: Otmar Schulz 2015 Melodie: Andreas Brunion
© Verlag Singende Gemeinde Wuppertal)

23.3.
EG 254   **Wir wolln uns gerne wagen**
W+ 220   **Wir wollen aufstehn, aufeinander zugehn**

Aufstehen und Handeln ist ein Wagnis. *„Aufstehn und aufeinander
zugehn"* in einer multikulturellen Gesellschaft auch. Davon handeln
die beiden nächsten Lieder. Mag die Barocksprache des Grafen
Zinzendorf, der die Herrnhuter Brüdergemeinde gründete, uns
fremd geworden sein, eins ist geblieben:

Christen können angesichts der Weltlage nicht stumm bleiben und die Hände in den Schoß legen. Sie sind aufgerufen, sich einzumischen, etwas zu wagen, sich mit ihren jeweiligen Fähigkeiten zu engagieren.

EG 254   Wir wolln uns gerne wagen

1. Wir wolln uns gerne wagen,
in unsern Tagen
der Ruhe abzusagen,
die's Tun vergisst.
Wir wolln nach Arbeit fragen,
wo welche ist,
nicht an dem Amt verzagen,
uns fröhlich plagen
und unsre Steine tragen
aufs Baugerüst.

2. Die Liebe wird uns leiten,
den Weg bereiten
und mit den Augen deuten
auf mancherlei,
ob's etwa Zeit zu streiten,
ob's Rasttag sei.
Wir sehen schon von weitem
die Grad und Zeiten
verheißner Seligkeiten:
nur treu, nur treu!

3. Wir sind nicht einsam blieben,
wir wolln uns üben
mit größern Gnadentrieben
als eins allein.
Wir sind am Stamm geblieben
der Kreuzgemein.
Drum gilt's gemeinsam lieben,
sich mit betrüben
und unsre Lasten schieben,
die Christi sein.

4. Wir sind in ihm zufrieden;
was uns hienieden
als Last von ihm beschieden,
hat sein Gewicht;
doch ist das Joch für jeden
drauf eingericht'.
Drum mag der Leib ermüden:

Wir gehn im Frieden,
von Jesus ungeschieden,
und sterben nicht.
(Text: Nikolas Ludwig von Zinzendorf 1736 1. M. Manfred Schlenker 2.M. Gustav Pezold)

W+ 220 Wir wollen aufstehn, aufeinander zugehn

Aufstehen meint in diesem Lied, den eigenen Glauben zur Tat
werden lassen. Das neue Lied appelliert an unsere Verantwortung
für ein humanes und friedvolles Miteinander und Toleranz
gegenüber anders geprägten Menschen. Voneinander lernen ist die
Devise. Es verzichtet auf einen Gottesbezug oder ein explizites
Bekenntnis.
Die Zeit des Imperialismus und des Nationalismus ist vorbei. Wir
haben nur eine Überlebenschance: **Aufeinander zugehn.**
"Höchste Zeit, dass was passiert".
Diese Mahnung richtet sich an alle Menschen, religiöse und
Atheisten. Daran lässt sich ein Nachdenken anschließen, was
christlicher Glaube beitragen kann.

Refrain
Wir wollen aufstehn, aufeinander zugehn, voneinander lernen,
miteinander umzugehn. Aufstehn, aufeinander zugehn
und uns nicht entfernen, wenn wir etwas nicht verstehn.

1. Viel zu lange rumgelegen, viel zu viel schon diskutiert.
Es wird Zeit sich zu bewegen, höchste Zeit, dass was passiert.
Refrain
Wir wollen aufstehn, aufeinander zugehn, voneinander lernen,
miteinander umzugehn. Aufstehn, aufeinander zugehn
und uns nicht entfernen, wenn wir etwas nicht verstehn.

2. Jeder hat was einzubringen, diese Vielfalt, wunderbar.
Neue Lieder woll'n wir singen, neue Texte laut und klar.
Refrain
Wir wollen aufstehn, aufeinander zugehn, voneinander lernen,
miteinander umzugehn. Aufstehn, aufeinander zugehn
und uns nicht entfernen, wenn wir etwas nicht verstehn.

3. Diese Welt ist uns gegeben, wir sind alle Gäste hier.
Wenn wir nicht zusammen leben, kann die Menschheit nur verliern.
Refrain
Wir wollen aufstehn, aufeinander zugehn, voneinander lernen,
miteinander umzugehn. Aufstehn, aufeinander zugehn
und uns nicht entfernen, wenn wir etwas nicht verstehn.

4. *Dass aus Fremden, Nachbarn werden, das geschieht nicht von allein.*
Dass aus Nachbarn Freunde werden, dafür setzen wir uns ein.
Refrain
Wir wollen aufstehn, aufeinander zugehn, voneinander lernen,
miteinander umzugehn. Aufstehn, aufeinander zugehn
und uns nicht entfernen, wenn wir etwas nicht verstehn.
(Text und Musik: © Clemens Bittlinger)

24. Fake News – Good News

Psalm 4,10
Wie habt ihr das Eitle (Vergängliche) so lieb und die Lüge so gerne!

Das Gegenteil des Bösen ist nicht das Gute, sondern die Wahrheit.
Das griechische Wort für Wahrheit (αλήθεια/ alätheia) bedeutet
wörtlich übersetzt: Das Unverborgene. Das Böse aber ist verborgen,
es verbirgt sich gern auch im vermeintlich Guten. Denn das Wesen
des Bösen ist die Lüge, die sich bis zur „Lebenslüge" steigern kann,
wie Eberhard Jüngel es in seinem lesenswerten Aufsatz „Böse – was
ist das?" beschrieben hat.

„Im Gegensatz zur Wahrheit, die nach biblischem Zeugnis verlässlich
ist und fest steht wie die Berge, ist die Sünde in ihrer Urgestalt als
Unwahrheit und Lüge das, worauf man sich auf keinen Fall verlassen
kann. Sie lügt selbst dann, wenn sie die Wahrheit zitiert."
(Eberhard Jüngel, Erfahrungen mit der Erfahrung / Böse- Was ist das? Versuch einer
religiösen Begriffsbestimmung, © Radiusverlag 2008)

Johann Walter, Kantor in Torgau und musikalischer Freund Luthers,
weiß ein Lied davon zu singen:
*Die **Wahrheit** wird jetzt unterdrückt,*
will niemand Wahrheit hören;
*die **Lüge** wird gar fein geschmückt,*
man hilft ihr oft mit Schwören;
dadurch wird Gottes Wort veracht',
die Wahrheit höhnisch auch verlacht,
die Lüge tut man ehren.
(EG 145, „Wach auf, wach auf", Strophe 5)

24.1.

EG 273   **Ach Gott, vom Himmel sieh darein**
EG 225   **Komm, sag es allen weiter**

EG 273   **Ach Gott, vom Himmel sieh darein**

Was das Gift der Lüge und der Falschaussage bewirkt, beschreibt
schon der Psalm 12:

*Hilf, HERR! Die Heiligen haben abgenommen, und treu sind wenige
unter den Menschenkindern.* **Einer redet mit dem andern Lug und
Trug, sie heucheln und reden aus zwiespältigem Herzen.** *Der
HERR wolle ausrotten alle Heuchelei und die Zunge, die hoffärtig
redet, die da sagen:* »Durch unsere Zunge sind wir mächtig, uns
gebührt zu reden! Wer ist unser Herr?« »Weil die Elenden Gewalt
leiden und die Armen seufzen, will ich jetzt aufstehen«, spricht der
HERR, »ich will Hilfe schaffen dem, der sich danach sehnt.« Die Worte
des HERRN sind lauter wie Silber, im Tiegel geschmolzen, geläutert
siebenmal. Du, Herr, wollest sie bewahren und uns behüten vor diesem
Geschlecht ewiglich! 9 Denn Frevler gehen allenthalben einher, wo
Gemeinheit herrscht unter den Menschenkindern.*

Diesen Psalm hat Luther in Strophenform gebracht und in die Zeit
der Reformation mit ihrem Streit um das Evangelium übertragen:
„Gott wolle wehren allen gar, die falschen Schein uns lehren",
„Mein heilsam Wort soll auf den Plan" und wir sollen
„im rechten Glaubn beständig sein bis an das Ende. Amen."

Nach Psalm 12

1. *Ach Gott, vom Himmel sieh darein*
und lass dich des erbarmen,
wie wenig sind der Heilgen dein,
verlassen sind wir Armen.
Dein Wort man lässt nicht haben wahr,
der Glaub ist auch verloschen gar
bei allen Menschenkindern.

2. **Sie lehren eitel falsche List,**
was eigen Witz erfindet;
ihr Herz nicht eines Sinnes ist
in Gottes Wort gegründet;
der wählet dies, der andre das,
sie trennen uns ohn alle Maß
und gleißen schön von außen.

3. *Gott wolle wehren allen gar,*
die falschen Schein uns lehren,
dazu ihr Zung stolz offenbar
spricht: »*Trotz! Wer will's uns wehren?*
Wir haben Recht und Macht allein,
was wir setzen, gilt allgemein;
wer ist, der uns sollt meistern?«

4. *Darum spricht Gott:* »*Ich muss auf sein,*
die Armen sind verstöret;
ihr Seufzen dringt zu mir herein,
ich hab ihr Klag erhöret.
Mein heilsam Wort soll auf den Plan,
getrost und frisch sie greifen an
und sein die Kraft der Armen.«

5. *Das Silber, durchs Feu'r siebenmal*
bewährt, wird lauter funden;
von Gotts Wort man erwarten soll
desgleichen alle Stunden.
Es will durchs Kreuz bewähret sein,
da wird sein Kraft erkannt und Schein
und leucht stark in die Lande.

6. *Ehr sei Gott Vater und dem Sohn*
und auch dem Heilgen Geiste,
wie es im Anfang war und nun,
der uns sein Hilfe leiste,
dass wir sein Wort behalten rein,
im rechten Glaubn beständig sein
bis an das Ende. Amen.
(Text und Melodie: Martin Luther 1524)

Im Internet ist eine Kultur der Hassbotschaften und der „fake news"
entstanden, die diesen Psalm erstaunlich aktuell werden lassen.
So einfach wie heute war es noch nie, Aggressionen im anonymen
Cyberspace folgenlos abzureagieren. Auch Luther war zu seiner Zeit
vielen Verleumdungen ausgesetzt und ihm schlug viel Hass
entgegen, der sich bis zur Todesgefahr auswuchs. Er wehrte sich,
indem er sich auf die Schrift, hier den zwölften Psalm, berief.
Freilich erweitert er dessen Aussage auf das neutestamentliche
Evangelium: *„Mein heilsam Wort soll auf den Plan".*

Er war sich sicher, dass es nicht seine Wahrheit war, die er vertrat, sondern „Gottes Wort", das ihn leitet. Daraus schöpfte er seine Kraft, dem Kaiser, dem Papst und anderen Autoritäten als kleiner, unbedeutender Augustinermönch zu widersprechen.

EG 225   Komm, sag es allen weiter

Ein Abendmahlslied mit einer Spiritualmelodie.
die „good news" sollen weitergesagt werden und den "fake news" Konkurrenz machen.

Das originale Spiritual ist eigentlich ein Weihnachtslied:
„Go tell it on the mountains, that Jesus Christ ist born".

Refrain: Go tell it on the mountain,
over the hills and ev'rywhere,
go tell it on the mountain,
that Jesus Christ is born.

1. When I was a seeker
I sought both night and day,
I asked my Lord to help me,
and he taught me to pray.
Refrain: Go tell it on the mountain...

2. When I was a sinner
I prayed both night an day,
I asked the Lord to help me
and he showed me the way.
Refrain: Go tell it on the mountain...

3. He made me a watchman
upon the city wall;
And if I am a Christian,
I am the least of all.
Refrain: Go tell it on the mountain...

In deutscher Übersetzung (wörtlich):
(Refrain)
Geh, ruf es auf dem Berg,
über die Hügel und überallhin
Geh, ruf es auf dem Berg:
Jesus Christus ist geboren.
1. Als ich ein Suchender war,
suchte ich bei Tag und Nacht
ich rief zum Herrn um Hilfe
und er lehrte mich zu beten.

(Refrain)
2. Als ich ein Sünder war
betete ich bei Tag und Nacht
und rief zum Herrn um Hilfe,
und er zeigte mir den Weg.

(Refrain)
3. Er machte mich zum Wächter
auf der Stadtmauer
und wenn ich ein Christ bin
dann bin ich der Geringste von allen.
(Refrain)

Verse aus dem Jesaja 52,7.8 enthalten dieselben Metaphern des Rufens von den Bergen und vom Wächter auf der Stadtmauer:

7 Wie lieblich sind auf den Bergen die Füße des Freudenboten, der da Frieden verkündigt, Gutes predigt, Heil verkündigt, der da sagt zu Zion: Dein Gott ist König! 8 Deine Wächter rufen mit lauter Stimme und jubeln miteinander; denn sie werden's mit ihren Augen sehen, wenn der HERR nach Zion zurückkehrt. 9 Seid fröhlich und jubelt miteinander, ihr Trümmer Jerusalems; denn der HERR hat sein Volk getröstet und Jerusalem erlöst.

Das Volk Israel durfte ca. 540 v. Chr. nach Jerusalem heimkehren und traf nach der jahrzehntelangen, babylonischen Gefangenschaft auf den zerstörten Tempel. Aber in der allgemeinen Begeisterung jubeln selbst die Trümmer.
Diese Erzählung wird im Spiritual mit der Geburt Jesu verknüpft:
Geh ruf es von den Bergen: Jesus ist geboren.
Mit Jesus hat Gott seinen neuen Tempel gebaut. Das sind „Good News", gute Neuigkeiten.

Der deutsche Text auf die alte Spiritualmelodie stammt von Friedrich Walz. Er machte aus dem Weihnachtsspiritual ein Abendmahlslied. Die erste Strophe erinnert an die Geschichte von der königlichen Hochzeit, deren eingeladene Gäste nicht kamen. In Matthäus 22,9 ff. ergeht daraufhin der königliche Befehl:

9 Geht hinaus auf die Straßen und ladet zur Hochzeit ein, wen ihr findet. 10 Und die Knechte gingen auf die Straßen hinaus und brachten zusammen, alle, die sie fanden, Böse und Gute; und der Hochzeitssaal war voll mit Gästen.

Das „Go" wird bei Walz zum „Komm". Nicht die Geburt Jesu, wie im originalen Spiritual, soll weitergesagt werden, sondern dass Gottes

Haus „offne Türen" hat, auch für die „mit Not und Schuld". Wenn wir in dieses Haus kommen, kommt umgekehrt Gott zu uns in Brot und Wein. Gemeinsames Essen gehört bei Menschen aller Kulturen zu jedem Fest und ist ein Zeichen besonderer Freundschaft.

Refrain:
Komm, sag es allen weiter,
ruf es in jedes Haus hinein!
Komm, sag es allen weiter:
Gott selber lädt uns ein.

1. Sein Haus hat offne Türen,
er ruft uns in Geduld,
will alle zu sich führen,
auch die mit Not und Schuld.
Refrain:
Komm, sag es allen weiter,
ruf es in jedes Haus hinein!
Komm, sag es allen weiter:
Gott selber lädt uns ein

2. Wir haben sein Versprechen:
Er nimmt sich für uns Zeit,
wird selbst das Brot uns brechen,
kommt, alles ist bereit..
Refrain:
Komm, sag es allen weiter,
ruf es in jedes Haus hinein!
Komm, sag es allen weiter:
Gott selber lädt uns ein.

3. Zu jedem will er kommen,
der Herr in Brot und Wein.
Und wer ihn aufgenommen,
wird selberBote sein.
Refrain:
Komm, sag es allen weiter,
ruf es in jedes Haus hinein!
Komm, sag es allen weiter:
Gott selber lädt uns ein.
(Text: Friedrich Walz © *Gustav Bosse Verlag/ Bärenreiter Verlag Karl Vötterle GmbH & Co. KG, Kassel)*

25. Mitten unter uns: Ein Reich ohne Zäune

Lukas 17,20.21

Als er aber von den Pharisäern gefragt wurde: Wann kommt das Reich Gottes? antwortete er ihnen und sprach: Das Reich Gottes kommt nicht mit äußeren Zeichen; man wird auch nicht sagen: Siehe, hier! oder: Da! Denn sehet, das Reich Gottes ist mitten unter euch.

Friedrich Nietzsche wollte wieder freilegen, was für Jesus das „Reich Gottes" bedeutete:

Das »Himmelreich« ist ein Zustand des Herzens – nicht etwas, das »über der Erde« oder »nach dem Tode« kommt. Der ganze Begriff des natürlichen Todes fehlt im Evangelium: der Tod ist keine Brücke, kein Übergang, er fehlt, weil einer ganz andern, bloß scheinbaren, bloß zu Zeichen nützlichen Welt zugehörig. Die »Todesstunde« ist kein christlicher Begriff – die »Stunde«, die Zeit, das physische Leben und seine Krisen sind gar nicht vorhanden für den Lehrer der »frohen Botschaft«... Das »Reich Gottes« ist nichts, das man erwartet; es hat kein Gestern und kein Übermorgen, es kommt nicht in »tausend Jahren« – es ist eine Erfahrung an einem Herzen; es ist überall da, es ist nirgends da... („Antichrist, 34,35)

Dieser »frohe Botschafter« starb wie er lebte, wie er lehrte – nicht um »die Menschen zu erlösen«, sondern um zu zeigen, wie man zu leben hat. Die Praktik ist es, welche er der Menschheit hinterließ: sein Verhalten vor den Richtern, vor den Häschern, vor den Anklägern und aller Art Verleumdung und Hohn – sein Verhalten am Kreuz. Er widersteht nicht, er verteidigt nicht sein Recht, er tut keinen Schritt, der das Äußerste von ihm abwehrt, mehr noch, er fordert es heraus... Und er bittet, er leidet, er liebt mit denen, in denen, die ihm Böses tun.
Die Worte zum Schächer am Kreuz enthalten das ganze Evangelium. »Das ist wahrlich ein göttlicher Mensch gewesen, ein Kind Gottes!« *– sagt der Schächer. »Wenn du dies fühlst« – antwortet der Erlöser – »so bist du im Paradiese, so bist du ein Kind Gottes.« Nicht sich wehren, nicht zürnen, nicht verantwortlich-machen... Sondern auch nicht dem Bösen widerstehen – ihn lieben...*
(Friedrich Nietzsche, Der Antichrist – Fluch auf das Christentum)

Jesus stand vor seinem römischen Richter Pilatus. Auf die Frage *„Bist du der Juden König?"* antwortet er im Johannesevangelium: *„Mein Reich ist nicht von dieser Welt. Wäre mein Reich von dieser Welt, meine Jünger würden darum kämpfen, nun ist aber mein Reich nicht von dieser Welt."*

Sein „Reich ist nicht von dieser Welt", denn es ist ein Reich ohne militärische Gewalt und ohne Grenzen, ohne Hass und ohne

Machtanspruch. Sein Reich ist ein Reich der Liebe, und das macht es zu einem „ewigen Reich".

Wo beginnt es? Dort, wo Menschen in seinem Namen zusammenkommen. Es beginnt im Kleinen zum Beispiel dort, wo wir mit anderen teilen. Dort, wo wir die „Gebeugten und die Schwachen" nicht vergessen, dort wo wir miteinander Abendmahl feiern.

Wann beginnt es? Jetzt!

25.1.

EG 221	**Das sollt ihr, Jesu Jünger, nie vergessen**
W+ 39	**Wo Menschen sich vergessen**
EG.E. 29	
GL 861	

EG 221   **Das sollt ihr, Jesu Jünger, nie vergessen**

Die Gemeinde Jesu ist daran erkennbar, dass ihre Glieder von „einem Brote essen und aus einem Kelche trinken". Das macht sie zu „Schwestern und Brüdern", zu einer Familie. In pietistischen Familien gab es den Brauch, am Mittagstisch einen freien Stuhl und ein Gedeck hinzustellen, „falls der Herr kommt". Das konnte auch ein hungriger Bettler sein, der an die Tür klopfte. Damit wurde an die Worte aus Matthäus 25, 40 erinnert:

"Was ihr getan habt einem unter diesen meinen geringsten Brüder, das habt ihr mir getan."

1. Das sollt ihr, Jesu Jünger, nie vergessen:
wir sind, die wir von einem Brote essen,
aus einem Kelche trinken, Jesu Glieder,
Schwestern und Brüder. (1.Kor 10,16.17)

2. Wenn wir in Frieden beieinander wohnten,
Gebeugte stärkten und die Schwachen schonten,
dann würden wir den letzten heilgen Willen
des Herrn erfüllen.

3. Ach dazu müsse deine Lieb uns dringen!
Du wollest, Herr, dies große Werk vollbringen,
dass unter einem Hirten eine Herde
aus allen werde.
(Text: Johannes Andreas Cramer 1780 Melodie: Johann Crüger 1640)

W+ 93   **Wo Menschen sich vergessen**
EG.E. 29

Auch hier die Fragen: Wann beginnt das Reich Gottes? Wann
„berühren sich „Himmel und Erde?". Nicht in einer fernen Zukunft,
sondern jetzt. Und wo beginnt das Reich Gottes? Dort, wo
Menschen „sich vergessen". Dort, wo Menschen ausgetretene Pfade
der Gewohnheit verlassen. Dort, wo wir neu anfangen. Die perfekte
Christin und den perfekten Christen gibt es nicht. Wir dürfen Fehler
machen. Vielleicht s i n d wir nicht nur Anfänger, vielleicht
b l e i b e n wir es auch. Aber wir brauchen trotzdem jemanden, der
uns Mut zum Beginnen gibt.

1. Wo Menschen sich vergessen, die Wege verlassen.
Und neu beginnen, ganz neu.
Refrain: *Da berühren sich Himmel und Erde,*
dass Frieden werde unter uns,
da berühren sich Himmel und Erde,
dass Frieden werde unter uns.

2. Wo Menschen sich verschenken, die Liebe bedenken.
Und neu beginnen, ganz neu.
Refrain: *Da berühren sich Himmel und Erde...*

3. Wo Menschen sich verbünden, den Hass überwinden.
Und neu beginne, ganz neu.
Refrain: *Da berühren sich Himmel und Erde...*
(Text: Thomas Laubach © tvd Verlag, Düsseldorf)

25. 2.
EG 412   **So jemand spricht: Ich liebe Gott**
W+ 86   **Wenn das Brot, das wir teilen**
EG.E. 28
GL 470

Das Reich Gottes beginnt in beiden Liedern dort, wo wir teilen:

EG 412   **So jemand spricht: Ich liebe Gott**
1. So jemand spricht: »Ich liebe Gott«,
und hasst doch seine Brüder,
der treibt mit Gottes Wahrheit Spott
und reißt sie ganz darnieder.
Gott ist die Lieb und will, dass ich
den Nächsten liebe gleich als mich. (1.Joh 4,20)

2. Wer dieser Erde Güter hat
und sieht die Brüder leiden
und macht die Hungrigen nicht satt,
lässt Nackende nicht kleiden,
der ist ein Feind der ersten Pflicht
und hat die Liebe Gottes nicht.

3. Wer seines Nächsten Ehre schmäht
und gern sie schmähen höret,
sich freut, wenn sich sein Feind vergeht,
und nichts zum Besten kehret,
nicht dem Verleumder widerspricht,
der liebt auch seinen Bruder nicht.

4. Wir haben einen Gott und Herrn,
sind eines Leibes Glieder,
drum diene deinem Nächsten gern,
denn wir sind alle Brüder.
Gott schuf die Welt nicht bloß für mich,
mein Nächster ist sein Kind wie ich.

5. Ein Heil ist unser aller Gut.
Ich sollte Brüder hassen,
die Gott durch seines Sohnes Blut
so hoch erkaufen lassen?
Dass Gott mich schuf und mich versühnt,
hab ich dies mehr als sie verdient?

6. Vergibst mir täglich so viel Schuld,
du Herr von meinen Tagen;
ich aber sollte nicht Geduld
mit meinen Brüdern tragen,
dem nicht verzeihn, dem du vergibst,
und den nicht lieben, den du liebst?

7. Was ich den Armen hier getan,
dem kleinsten auch von diesen,
das sieht er, mein Erlöser, an,
als hätt ich's ihm erwiesen.
Und ich, ich sollt ein Mensch noch sein
und Gott in Brüdern nicht erfreun?

8. Ein unbarmherziges Gericht
wird über den ergehen,
der nicht barmherzig ist, der nicht
die rettet, die ihn flehen.
Drum gib mir, Gott, durch deinen Geist
ein Herz, das dich durch Liebe preist.
(Christian Fürchtegott Gellert 1757 Melodie: Bartholomäus Gesius 1605)

W+ 86   **Wenn das Brot, das wir teilen**
EG.E. 28
Das Lied spielt auf die Legende vom Rosenwunder der heiligen
Elisabeth an:

*„Wenn das Brot, das wir teilen, **als Rose** blüht.“*

Der Mann der Heiligen Elisabeth hatte ihr verboten, mildtätig Brot
an Arme zu verteilen. Aus Barmherzigkeit macht sie sich eines
Tages trotzdem heimlich mit einem Korb voller Brot in die Stadt auf.
Dabei wurde sie von ihrem Mann erwischt. Als er sie fragte, was sie
in ihrem Korb mit sich trage, antwortete Elisabeth: Rosen! Als sie
das Tuch heben musste, waren tatsächlich nur Rosen im Korb und
sie entging der Strafe.

1. Wenn das Brot, das wir teilen, als Rose blüht
Und das Wort, das wir sprechen, als Lied erklingt
Dann hat Gott unter uns schon sein Haus gebaut,
dann wohnt er schon in unserer Welt.
Ja, dann schauen wir heut schon sein Angesicht
In der Liebe die alles umfängt,
In der Liebe die alles umfängt.

2. Wenn das Leid jedes Armen uns Christus zeigt
und die Not, die wir lindern, zur Freude wird,
Dann hat Gott unter uns schon sein Haus gebaut,
Dann wohnt er schon in unserer Welt.,
Ja, dann schauen wir heut schon sein Angesicht
In der Liebe die alles umfängt,
In der Liebe die alles umfängt.

3. Wenn die Hand, die wir halten, uns selber hält / und das Kleid, das
wir schenken, auch uns bedeckt,
Dann hat Gott unter uns schon sein Haus gebaut,
dann wohnt er schon in unserer Welt.
Ja, dann schauen wir heut schon sein Angesicht
In der Liebe die alles umfängt,
In der Liebe die alles umfängt.

4. Wenn der Trost, den wir geben, uns weiter trägt / und der Schmerz,
den wir teilen, zur Hoffnung wird,
Dann hat Gott unter uns schon sein Haus gebaut,
dann wohnt er schon in unserer Welt.
Ja, dann schauen wir heut schon sein Angesicht
In der Liebe die alles umfängt,
In der Liebe die alles umfängt.

5. Wenn das Leid, das wir tragen, den Weg uns weist /
und der Tod, den wir sterben, vom Leben singt,
Dann hat Gott unter uns schon sein Haus gebaut,
dann wohnt er schon in unserer Welt.
Ja, dann schauen wir heut schon sein Angesicht
In der Liebe die alles umfängt,
In der Liebe die alles umfängt.
(Text: © Claus Peter März Melodie: © Kurt Grahl)

Wo Brot geteilt, Leid gelindert, wo getröstet wird, dort hat Gott
unter uns schon sein Haus gebaut. Das ist kein Lied für blauäugige
Idealisten. Denn nur das Teilen wird zum Leben und Überleben auf
diesem Globus beitragen.

25. 3.
EG 395   **Vertraut den neuen Wegen**
GL 860
W+ 172   **Lass uns den Weg der Gerechtigkeit gehn**
EG.E.30
EG Wü 658

EG 395   **Vertraut den neuen Wegen**
Das Lied von Klaus Peter Hertzsch entstand für eine Trauung im
August 1989. Nach dem Zusammenbruch der DDR gewann es als
Hoffnungslied- weit über den ursprünglichen Anlass hinaus- an
Bedeutung für die Gemeinden. Die Menschen fühlten sich nicht
mehr eingesperrt. Neue Lebenswege standen offen. Neue
Lebenspläne konnten geschmiedet werden.
Die Zukunft wurde zu Gottes Land. Auf dieses Land ist die
menschliche Sehnsucht ausgerichtet. Auch die Verantwortung für
die Erde wird thematisiert:
„Gott will, dass ihr ein Segen für diese Erde seid".
Vorbei die Bespitzelung durch Stasi (staatlicher Sicherheitsdienst
der DDR) und die eigenen Nachbarn. Ein Lied voll aufbrechender
Hoffnung. Die alte Choralmelodie *„Lob getrost mit Singen"* (EG 342)
trägt den neuen Text und befeuert diese Hoffnung.

1. Vertraut den neuen Wegen,
auf die der Herr uns weist,
weil Leben heißt: sich regen,
weil Leben wandern heißt.
Seit leuchtend Gottes Bogen
am hohen Himmel stand,
sind Menschen ausgezogen
in das gelobte Land.

2. Vertraut den neuen Wegen
*und **wandert in die Zeit!***
Gott will, dass ihr ein Segen
für seine Erde seid.
Der uns in frühen Zeiten
das Leben eingehaucht,
der wird uns dahin leiten,
wo er uns will und braucht.

3. Vertraut den neuen Wegen,
auf die uns Gott gesandt!
Er selbst kommt uns entgegen.
Die Zukunft ist sein Land.
Wer aufbricht, der kann hoffen
in Zeit und Ewigkeit.
Die Tore stehen offen.
Das Land ist hell und weit.
(Text: © Klaus Peter Hertzsch Melodie: 16. Jhd.)

W+ 173   Lass uns den Weg der Gerechtigkeit
EG.E. 30/ EGWü 658

Das Lied ist ein Bittgebet. Die zweimal wiederholte Bitte aus dem
Vaterunser "Dein Reich komme" wird zum Refrain des Liedes.
Das Reich Gottes beginnt dort, wo *Klarheit, Friede, Wahrheit und
Recht* herrschen. Es ist ein Reich des Lichts und der Liebe, das unter
uns beginnt.

Kehrvers:
Lass uns den Weg der Gerechtigkeit gehn.
Dein Reich komme, Herr,
dein Reich komme.

1. Dein Reich in Klarheit und Frieden,
Leben in Wahrheit und Recht.
Dein Reich komme, Herr,
dein Reich komme. (Matthäus 6,10)

2. Dein Reich des Lichts und der Liebe
lebt und geschieht unter uns.
Dein Reich komme, Herr,
dein Reich komme.

3. Wege durch Leid und Entbehrung
führen zu dir in dein Reich.
Dein Reich komme, Herr,
dein Reich komme.

4. Sehn wir in uns einen Anfang,
endlos vollende dein Reich.
Dein Reich komme, Herr,
dein Reich komme.
(Text: Diethard Zils, Christoph Lehmann 1983 Melodie: Cristóbal Halffter 1964
© tvd Verlag, Düsseldorf)

Durch die Übertragung des Liedes der Madrider Theologin,
Psychologin und Lyrikerin Maria Pilar Figuera López
(* 1939) aus dem Spanischen durch den katholischen Priester und
Mönch Diethard Zils (*1935) und Christoph Lehmann (*1947) sind
auch die Gedanken der Befreiungstheologie im Gesangbuch
vertreten. Die gerechte Verteilung der Güter und Lebenschancen der
Menschen auf der Erde ist ein zentrales Thema dieser Theologie.
Die Melodie stammt vom spanischen Komponisten Cristóbal
Halffter (* 1930).

25.4.
EG 72   **O Jesu Christe, wahres Licht**
W+ 9   **Blinde werden sehn**

EG 72   **O Jesu Christe, wahres Licht**
Das Reich Gottes beginnt dort, wo „Verblendung" durch
„Erleuchtung" geheilt wird. Die Lichtmetaphorik kommt in allen
Religionen als Motiv vor. Für den Autor dieses Liedes den

schlesischen Pfarrer Johann Heermann, ist Jesus Christus, das „wahre Licht". Er „öffnet den Tauben das Gehör" und „lehrt Stumme das Reden".

1. O Jesu Christe, wahres Licht,
erleuchte, die dich kennen nicht,
und bringe sie zu deiner Herd,
dass ihre Seel auch selig werd.

2. Erfülle mit dem Gnadenschein,
die in Irrtum verführet sein,
auch die, so heimlich ficht noch an
in ihrem Sinn ein falscher Wahn;

3. Und was sich sonst verlaufen hat
von dir, das suche du mit Gnad
und ihr verwund't Gewissen heil,
lass sie am Himmel haben teil.

4. Den Tauben öffne das Gehör,
die Stummen richtig reden lehr,
die nicht bekennen wollen frei,
was ihres Herzens Glaube sei.

5. Erleuchte, die da sind verblend't,
bring her, die sich von uns getrennt,
versammle, die zerstreuet gehn,
mach feste, die im Zweifel stehn.

6. So werden sie mit uns zugleich
auf Erden und im Himmelreich
hier zeitlich und dort ewiglich
für solche Gnade preisen dich.
(Text: Johann Heermann 1630 Melodie: Nürnberg 1676/ 1854)

W+ 9   Blinde werden sehn, Lahme werden gehn

Das Lied ist für das Ende des Kirchenjahres vorgesehen. Am Ewigkeitssonntag gesungen ist es ein Ausblick, auf das was einmal sein wird. Es ist voll von biblischen Verheißungen aus, die Jesus schon erfüllt hat, als er Blinde geheilt und Lahme gesund gemacht hat. Stumme konnten wieder sprechen und Taube hören.
"Die Blinden sehen und die Lahmen gehen, die Aussätzigen werden rein und die Tauben hören, die Toten stehen auf und den Armen wird das Evangelium gepredigt". (Matth. 11, 5)

Matthäus bezieht sich, wie auch das Lied auf eine Stelle im Propheten Jesaja:

Alsdann werden der Blinden Augen aufgetan werden, und der Tauben Ohren geöffnet werden; alsdann werden die Lahmen springen wie ein Hirsch, und der Stummen Zunge wird Lob sagen. Denn es werden Wasser in der Wüste hin und wieder fließen und Ströme im dürren Lande. Und wo es zuvor trocken gewesen ist, sollen Teiche stehen; und wo es dürr gewesen ist, sollen Brunnquellen sein. "
(Jesaja 35, 5+6)

Das Lied ist eine Hymne an die Hoffnung, dass *die Herrlichkeit Gottes* erscheinen wird. Dann wird wahr werden, was der Refrain nach jeder Strophe bekräftigt:
"Die Wüste wird grün und die Steppe wird blühn".
Was das Lied von Heermann als Bitten ausspricht, z. B.
" Den Tauben öffne das Gehör, die Stummen richtig reden lehr", wird im Lied von Arthur Werner Hoffmann aus dem Jahr1994 zum Versprechen, zur Verheißung:

„Fürchtet euch nicht, bald scheint Gottes Licht".

Der Originaltitel des Liedes ist deshalb auch:
"Wenn die Herrlichkeit des Herrn erscheint".

1. Blinde werden sehn, Lahme werden gehen,
wenn die Herrlichkeit des Herrn erscheint.
Keiner ist mehr stumm, keiner taub und dumm,
wenn die Herrlichkeit des Herrn erscheint.
Refrain: *Denn die Wüste wird blühn,*
und die Steppe wird grün,
wenn die Herrlichkeit des Herrn erscheint.
Und wir werden uns freun,
dann bei Jesus zu sein,
wenn die Herrlichkeit des Herrn erscheint

2. Brunnen werden stehn, Ströme wird man sehn,
wenn die Herrlichkeit des Herrn erscheint.
Dann ist Sicherheit,
nie mehr Schmerz und Leid,
wenn die Herrlichkeit des Herrn erscheint.
Refrain: *Denn die Wüste wird blühn...*

Seid nicht mehr verzagt,
bringt Gott, was euch plagt;
seht doch, seine Herrlichkeit erscheint
Fürchtet euch nur nicht,
bald scheint Gottes Licht,
wenn die Herrlichkeit des Herrn erscheint.
Refrain: *Denn die Wüste wird blühn...*
(Text und Musik: Werner Arthur Hoffmann 1994 © Gerth Medien)

26. Spaßbremse Gottesdienst?
Psalm 27,4
Eines bitte ich vom HERRN, das hätte ich gerne: dass ich im
Hause des HERRN bleiben könne mein Leben lang, zu
schauen die schönen Gottesdienste des HERRN und seinen
Tempel zu betrachten.

26.1.
EG 166	**Tut mir auf die schöne Pforte**
W+ 2	**Aus den Dörfern und aus Städten**

Spaß haben ist schön. Aber es gibt Momente, da verstehen wir
keinen Spaß mehr. Da wird´s ernst. Ab und zu spüren wir: Etwas
stimmt nicht. Das Rad unseres Lebens dreht sich zu schnell.
Lebenskrisen, Krankheiten und Berufsstress überfordern uns.
Dauerbespaßung hinterlässt oft innere Leere. Wir wollen unser
Leben entschleunigen, einmal auf die Bremse treten und nach dem
Wesentlichen fragen.
Gottesdienste bieten für diese Sehnsucht einen Frei-Raum. Jeder
Sonntagsgottesdienst ist eigentlich ein kleines Osterfest, eine
Auferstehung zum Leben, Quelle einer Freude, die mehr ist als Spaß.
Kirchenräume sind Festsäle. Gott, dem wir unser Leben verdanken,
überlässt uns nicht unserem Schicksal. Er ist da, wo wir sind. Das
muss gefeiert werden. Ob Kathedralen, Dome oder Münster, ob
Dorfkirchen oder Kapellen in freier Landschaft, immer betreten wir
sie mit der Erwartung, in eine andere Welt einzutreten. Sie werden
zu Resonanzräumen der Seele.

EG 166 Tut mir auf die schöne Pforte
Das klassische Lied zum Eingang des Gottesdienstes verfolgt diesen
Gedanken. Der Kirchenraum wird   zum Ort der Gottesbegegnung,
Seine Mauern weiten sich zum „Haus Gottes". Ich bin in die Kirche
gekommen und im Umkehrschluss möge Gott jetzt auch zu mir
kommen. Der Kirchenraum wird zum Gleichnis für den Raum in
unserem Innern. Deshalb die Bitte:

„Zieh in meinem Herzen ein, lass es deinen Tempel sein".

So kommt der Himmel auf die Erde. Denn:
"Wo du Wohnung hast genommen, da ist lauter Himmel hier". Ein
Grund zum Feiern.

1. Tut mir auf die schöne Pforte,
führt in Gottes Haus mich ein;
ach wie wird an diesem Orte
meine Seele fröhlich sein!
Hier ist Gottes Angesicht,
hier ist lauter Trost und Licht.

2. Ich bin, Herr, zu dir gekommen,
komme du nun auch zu mir.
Wo du Wohnung hast genommen,
da ist lauter Himmel hier.
Zieh in meinem Herzen ein,
lass es deinen Tempel sein.
(Text: Benjamin Schmolck 1734 Melodie: Joachim Neander 1680, Darmstadt 1698)

W+ 2   Aus den Dörfern und aus Städten

In diesem Lied ist der Gottesdienst eine dynamische Bewegung, die kein Kirchengebäude braucht. Kirche entsteht dort, wo Menschen aus verschiedenen Milieus und unterschiedlichen Alters begeistert den Spuren Jesu folgen, Menschen die nach *„Liebe hungern"* und nach Leben.

Alle sind eingeladen zum *„Fest des Glaubens"* Sie verlassen ihre festen Häuser, ihre Dörfer und Städte und machen sich auf den Weg. Es beginnt ein großer Pilgerzug. Auf dieser Wanderung lernen die Menschen, „Brot und Wein und Geld und Zeit" zu teilen. Eingeladen wird zum Gottesdienst als Fest des Glaubens, als Fest der Freude, nicht nur für Insider:

1. Aus den Dörfern und den Städten,
von ganz nah und auch von fern,
mal gespannt, mal eher skeptisch,
manche zögernd, viele gern,
folgten sie den Spuren Jesu,
folgten sie dem, der sie rief,
und sie wurden selbst zu Boten,
dass der Ruf wie Feuer lief:
Eingeladen zum Fest des Glaubens.

2. Und so kamen sie in Scharen,
brachten ihre Kinder mit,
ihre Kranken, auch die Alten,
selbst die Lahmen hielten Schritt.
Von der Straße, aus der Gosse
kamen Menschen ohne Zahl,
und sie hungerten nach Liebe
und nach Gottes Freudenmahl:
Eingeladen zum Fest des Glaubens.

3. Und dort lernten sie zu teilen
Brot und Wein und Geld und Zeit;
und dort lernten sie zu heilen
Kranke, Wunden, Schmerz und Leid.
Und dort lernten sie zu beten,
dass dein Wille, Gott, geschehe.
Und sie lernten so zu leben,
dass das Leben nicht vergehe:
Eingeladen zum Fest des Glaubens.

4. Aus den Dörfern und aus Städten,
von ganz nah und auch von fern,
mal gespannt, mal eher skeptisch,
manche zögernd, viele gern,
folgen wir den Spuren Jesu,
folgen wir dem, der uns rief.
Und wir werden selbst zu Boten,
dass der Ruf noch gilt, der lief:
Eingeladen zum Fest des Glaubens.
(Text: Eugen Eckert Melodie: Alejandro Veciana © Strube-Verlag, München)

Nachwort

Lieder vom christlichen Glauben sind Poesie für das Leben, Geländer in steilem Gelände. Welche Lieder überleben, werden keine Kunstrichter entscheiden, sondern die Menschen, die sie singen wollen. Gelassenheit ist angesagt. Der Rat des Gamaliel aus der Apostelgeschichte könnte auch für das Urteil über diese Lieder gelten:

"Ist dies Vorhaben oder dies Werk von Menschen, so wird's untergehen; ist es aber von Gott, so könnt ihr es nicht vernichten". (Apg. 5,38-39)

Gott selbst aber bleibt letztlich ein Geheimnis, zu groß, um es zu erfassen. Paul Gerhardt wünschte sich:

„O dass mein Sinn ein Abgrund wär
und meine Seel ein weites Meer,
dass ich dich möchte fassen." (EG 37, 4)

Der „große Gesang", von dem Rainer Maria Rilke in seinem „Stundenbuch" spricht, wird auch in Zukunft nicht verstummen:

Ich kreise um Gott, um den uralten Turm,
und ich kreise jahrtausendelang;
und ich weiß noch nicht: bin ich ein Falke, ein Sturm
oder ein großer Gesang.
(Rainer Maria Rilke)

Zum Autor:

Hans-Peter Braun wurde 1950 in Tübingen geboren. Er studierte
Kirchenmusik und Komposition an der Hochschule für
Kirchenmusik in Esslingen und an der Staatlichen Musikhochschule
Trossingen. Ab 1981 war er Bezirkskantor in Aalen, ab 1981 in
Trossingen. 1995 bis 2015 bis zum Ruhestand wirkte er als
Stiftsmusikdirektor in Tübingen und als 1. Organist an der dortigen
Stiftskirche. Er war außerdem von 1984 bis 2006 Bildungsreferent
des Verbandes Evangelische Kirchenmusik in Württemberg und bis
2015 Mitglied des Verbandsrats. 1990 wurde er zum
Kirchenmusikdirektor ernannt, 2014 zum Honorarprofessor der
Staatlichen Hochschule für Musik in Trossingen.
Von 1980 bis 2015 war er dort Dozent für Tonsatz und Musiktheorie,
von 1980 bis 1992 auch für liturgisches Orgelspiel. Aktuell hat er
einen Lehrauftrag für Kirchenmusikgeschichte und Hymnologie an
der dortigen Hochschule. Er komponierte Chor- und Orgelwerke,
Kammermusik, Klavierlieder, Kantaten und Singspiele und ist als
Autor und Herausgeber tätig.

Website: www. hans-peter-braun.de